徐文秀 ◎ 著

从政守则

中共中央党校出版社

图书在版编目（CIP）数据

从政守则／徐文秀著．--北京：中共中央党校出版社，2021.6

ISBN 978-7-5035-7050-6

Ⅰ.①从…　Ⅱ.①徐…　Ⅲ.①中国共产党–干部教育–学习参考资料　Ⅳ.①D262.3

中国版本图书馆 CIP 数据核字（2021）第 057032 号

从 政 守 则

策划统筹　任丽娜
责任编辑　任丽娜　桑月月
责任印制　陈梦楠
责任校对　马　晶
出版发行　中共中央党校出版社
地　　址　北京市海淀区长春桥路 6 号
电　　话　（010）68922815（总编室）　（010）68922233（发行部）
传　　真　（010）68922814
经　　销　全国新华书店
印　　刷　北京盛通印刷股份有限公司
开　　本　880 毫米×1230 毫米　1/32
字　　数　137 千字
印　　张　8.75
版　　次　2021 年 6 月第 1 版　2021 年 6 月第 1 次印刷
定　　价　78.00 元

微 信 ID：中共中央党校出版社　**邮　箱：**zydxcbs2018@163.com

自序

走好从政第一步

这些年来，一些干部出问题，回过头去看，跟当初从政思想不端正、当官心理不健康和进入队伍时的“偷工减料”直接相关。

“万丈高楼平地起。”从政好比长途跋涉，一路走下来难免会经历很多风雨与沟坎。要想行得稳、走得远，从一开始就得起好步、筑好基。“刚参加工作的干部就像小树苗一样，需要精心浇灌、修枝剪叶，基础打扎实了才能茁壮成长。要教育引导干部一开始就想明白当干部为什么、在岗位干什么，走好从政第一步。”的确，第一步很重要，如果一开始就走偏走歪走得不端正，以后的路就会走斜走错。

走好第一步，从一开始就得端正从政思想。有的人当官为了发财，想着法子“捞钱”，搞权力寻租；有的人当官为了做老爷，官越大架子越大，脾气也渐长；有的人当官为了讲体面，所谓光宗耀祖、出人头地，等等。带着这些不纯动机和不良思想进入干部队伍，行为自然会走形变样，而且迟早有一天会摔跟头。从政一开始，就要做好“当官莫发财、发财莫为官”的单项选择题，立志做大事、不立志做大官，做老实人、说老实话、办老实事，不搞歪门邪道、旁门左道。倘若思想这一关过不了，以后的路必定跌跌撞撞，即便是修修补补也无济于事。

走好第一步，从一开始就要到基层一线去、到“吃劲”岗位去、到百姓中去“墩墩苗”“接地气”。起步时“平台”很关键。然而，什么样的平台对于一个人的成长成熟尤其是长远发展更有益？有的人贪图“高大上”平台，愿意一毕业或一进队伍就去大机关，宅在机关大院里，误以为这样的平台起点高、发展快，起步不久就能实现起飞；有的即便到基层去了，也是镀镀金，漂着浮着多，不去主战场，不钻“矛盾窝”，不愿干急难险重的事，没有“热锅上蚂蚁”的经历。“艰难困苦，玉汝于成。”只有到基层一线、“吃劲”岗位和百姓中去，才能成大器，也才能有底气。

走好第一步，从一开始就得锻造优良心理素质。“万事开头难”，从政第一步往往是最考验人的。当开头不顺甚至遭受挫折和失败时，一时又看不清方向甚至看不到未来时，一时出不了成绩时，出现不少诱惑、干扰时，能不能坚持住、把持好，都是对心理素质的考验与挑战。心态决定状态。倘若挡不住诱惑、耐不住寂寞、守不住清贫、坐不住冷板凳，从政就会难以为继。多一份韧性和定力，多一份心静和耐心，才能坚定不移、矢志不渝地往前走。第一步不一定要多快，但一定要稳；不一定要多高，但一定要实；不一定要多大，但一定要对。又稳又实才是真正的好。

“千里之行，始于足下。”好的开始是成功的一半。走好第一步，才能奠定从政的基石。

（原载《人民日报》2018 年 11 月 13 日）

目 录

第 一 辑

第 二 辑

第一辑

善为政者，弊则补之，决则塞之。

——【西汉】桓宽《盐铁论·申韩》

做人做事做官『十悟』

如何做人、做事、做官，是不少人需要经常面对和正确把握的大问题，处理好了，则健康成长，反之则裹足不前，甚至掉入人生的一个个“陷阱”，这其中是有规律可循的。身在其中，每个人都有各自的感悟和心得。以下“十悟”似可思之用之。

一、信仰、信念、信心是安身立命的“压舱石”

人无信仰没有精神，人无信念没有力量，人无信心没有希望。信仰和信念好比人身上的钙，缺钙就会得“软骨病”，就站不稳、立不住、走不动。

英国诗人雪莱说，信仰是一种感情，这种感情的力量，就同其他各种感情一样，恰好同激动的程度成正比。德国哲学家黑格尔也说，信仰是完全属于一个人自己的内在的确定性。人总得在内心里相信些什么，给自己一个活下去和努力奋斗的理由，从而赋予自己人生的希望和向上的力量。一个有信仰的人，不管成不成功，至少不会迷茫和困惑，心中有信仰，脚下有力量。第一个把《共产党宣言》翻译成中文的陈望道，被真理所吸引，完全沉浸其中，一次母亲为他准备了一碟红糖沾粽子吃，三番五次在门外问儿子红糖够不够吃，每次问时儿子都说够甜了够甜了，当母亲进屋为儿子收拾碗筷时，发现儿子竟然是蘸着墨汁吃完了粽子。这就是信仰的味道、信仰的力量。当一个人怀揣信仰、信念时，即使看不到希望，即使看不到未来，也相信自己的选择不会错，自己的未来不会错，自己的梦想不会错。对自己心中的信仰、信念，就要像做“大拜”、吃“粽子”一样，虔诚、执着，让信仰信念成为自己始终不变的人生追求、永不荒芜的精神家园。

人，要有信仰、信念，还要有信心。爱尔兰剧作家萧伯纳说：“有信心的人，可以化渺小为伟大，化平庸为神奇。”信心莫过于相信自己、相信真理、相信未来。我们对自己抱有的信心，将使别人对我们萌生信心的绿芽。相信真理，心中就有一片阳光，真理能驱散迷失者眼前的阴影。相信未来，才会充满希望和憧憬，未来是从信心起步出发的。

草活一世为装点大地，烘托生机；人活一世为心中信仰，实现价值。信仰、信念、信心是安身之本，是最好的防腐剂。做大事必有大信仰，做难事必有大信心，做成事必有大信念。人生之舟有了“压舱石”便可乘风破浪、勇往直前。

二、能力、动力、定力是站稳走好的“支撑点”

能力是干事的基础，决定你“能做什么”；动力是干事的条件，决定你“想做什么”；定力是干事的保证，决定你“敢做什么”，三者兼备则决定你“做成什么”。

提升能力永远在路上，它是个持续不断的过程，今天有能力不等于明天有能力，在这件事上有本事不意味着在其他事情上有能耐。本事是一个人的本钱所在，安身立命最终得靠本事吃饭、拿本事说话。内强素质，练就一身硬功夫，任何时候都始终是硬道理。

动力是人的一种精气神，它来源于对事业或本职工作的兴趣、钟情和热爱，来源于对信念的执着和坚定，来源于内心深处强烈的事业心、责任感和使命感。

定力是“定海神针”，不分心、不走神，不为七情六欲所惑，不被私心杂念所扰，不因个人得失所烦，也不受外界各种杂音噪声所绊，这便是定力。保持定力，得有大方向、大目标、大追求和大格局，唯此，才能够挡得住诱惑、耐得住寂寞、守得住清贫、稳得住心神、坐得住“冷板凳”，不被忽悠、不被糊弄、不被捧杀和棒杀，能够气定神闲，能够避免掉入陷阱，跳出居心不良、心怀叵测者设的局和下的套，能够“任凭风浪起，稳坐钓鱼船”。

能力、动力、定力是干事之基。善于学习，不断提高能力；勇于追求，持续增强动力；敢于执着，始终保持定力。本领不强会被笑死，办法不多会被急死，劲头不足会被骂死，品行不端会被搞死。有能力没动力，能力打折扣；有能力有动力，但没有定力则一切全白费。“三足”鼎立，才立得住、站得稳、干得好、走得远。

三、能干、能处、能忍是进步前行的“大阶梯”

能干、能处、能忍是谋事之梯。有本事很能干、善团结好相处、懂修为忍得住，乃前行路上的三道门和三道坎，跨过去了就别有洞天，绊住了就会栽倒摔跤。能干是一种素质，能处是一种境界，而能忍则是一种修炼。

人首先要能干事，不能干事无济于事。然而，能力又像一张支票，如果不把它兑现则毫无价值。提升能力在于学习和实践，不断地学习，不断地实践，学中干、干中学，逐渐就会能干起来。

能处的最高境界是心在一起，心更齐、更齐心。能处的“钥匙”在于能否宽容、包容和理解、信任。世界再大，大不过包容的心，宽容、包容才能融合、融洽、融入。相处的最高境界是内心的尊重。相处的最好状态，不是无话不说而是无话可以不说。

“事不三思总有败，人能百忍自无忧。”能忍取决于能否看长远、想大局，能否站得高、看得远，唯“风物长宜放眼量”，才沉得住气、吃得了亏、受得了罪。一个输不起的人，必定是一个赢不了的人；一个不能忍的人，必定是一个没有大目标的人。

人的胸怀有时是委屈撑大的，境界有时是憋屈垫高的。成功的关键，就在于干人所不能干、处人所不能处、忍人所不能忍。能干、能处、能忍，人生之路多坦途，事业之帆多风顺。

四、想法、说法、办法是能力高低的“三级跳”

想法、说法、办法是做事之能。想法考验思维能力，说法考验表达能力，做法考验执行能力，知言行三者统一，才是做事高手。想法即对某一个问题或某一件事情有了看法，是一种思想、认知及观点；说法即用语言把心中的想法表达出来；而办法则是对于解决某个问题或做好某件事情用什么手段、方法和措施。一个人的能力水平，可以说有两次飞跃，一次是把心里的想法变成说法，另一次是把口中的说法变成实际办法。

人人皆有想法，只不过成熟不成熟而已，然而要把想法说出来，而且“说清楚、讲明白”，让人“听得进、记得住、用得上”，不至于一只耳朵进一只耳朵出，则大不一样。能把话说到人心坎上去，打动人、温暖人、感染人，让人信服、佩服，那叫真本事、硬功夫。

有想法易，善说法难，而拿办法则更难。不少人想法十分美好，说法有时也“头头是道”，可一旦要拿办法时，却捉襟见肘、苦无良策，特别是遇到一些“急难险重”的突发性事件时，更是惊慌失措、乱成一团，碰到一些“老大难”的矛盾和困难时，缺乏爬坡过坎、攻城略地的办法，甚至一筹莫展。世界上最远的距离就是知道和做到的距离。如果说能够把一个个想法、说法变成一个个具体的行动和办法，付之于行、见之于效，那便是大本事、大智慧了。而每个人的能力高低就在于其中的差别，看你到底处于哪一级跳上。

五、事业、职业、副业是干好干坏的“分水岭”

事业、职业、副业是待事之态。人该如何对待工作？有三种态度：有的把它当成事业，甚至视为生命，敬畏肩上的担子，有一种很强的责任感、使命感；有的把它仅仅当成一种职业，上班是为了养家糊口，为了“稻粱谋”，是谋生的手段和方式；更有甚者把它当作副业，成了第二职业，打自己的“小九九”，忙自己的“小生意”，种自己的“自留地”。

态度反映境界，态度决定状态。把工作当成一种事业的人，不是为工作而工作，而是通过努力工作实现理想抱负和人生价值。这种工作态度，变“要我干”为“我要干”，以苦为乐、甘于奉献，有强烈的事业心、责任心和使命感。如果你爱你的工作，它就会成为你的生命；如果你恨你的工作，它就会要了你的命。

把工作当成一种职业的人，则完全是为工作而工作，工作是为了养家糊口，上班是为了“稻粱谋”，他们往往是做一天和尚撞一天钟，像算盘子一样拨一下动一下，甚至像陀螺得拿鞭子抽着才动，只求“过得去”、不求“过得硬”，只求“无过”、不求“有功”，只求“做了”、不求“做好”。

把工作当成一种副业的人，工作仅仅是一个招牌、一个幌子，他们心不在焉，慵懒散漫、敷衍了事，要么不作为，要么乱作为，把心思和精力都放在本职工作之外，公事“磨洋工”、私事“打冲锋”，有的甚至利用公职、公权揽私活、谋私利。

态度折射品质，态度影响成效。三种不同的态度，折射出不同的人生观、价值观和事业观，也决定了一个人到底干多干少、干好干坏。大凡有大作为者都视工作为事业，甚至视工作胜过生命，他们的人生也因事业有成而精彩纷呈，富有意义和价值；而大凡平淡无为者多为工作而工作，结果工作完了，人生也就到头了，退休便褪了色，退位便失了志；至于那些把工作当副业的，不但会因为“不务正业”而砸了“饭碗”，而且常常会为了一己私利而误入歧途。

“取法乎上，仅得其中；取法乎中，故为其下。”究竟是把工作当成事业，还是权当职业，甚至只当副业，检验并影响和决定着一个人的人生价值、生命质量。

六、学识、见识、胆识是成大器者的“好法宝”

学识指的是一个人的学问知识，是一个人的知识量，学历往往是它的一个标签和标识。人应当有一定的学识，即便是草根却不可以草包，而要避免成为草包，就得努力学习，掌握知识。人未必都能做到学富五车、才高八斗、学识渊博，但一定要去追求做一个有学识的人。“胸藏文墨虚若谷，腹有诗书气自华”，有学识就有气度和高度，也有深度和厚度。人的外貌只是让别人认识你，而人的内涵则可以让别人记住你。

见识是一个人的经历，是一种经验的积累，一种胸襟和眼界。有见识的人，是一个生动有趣的人，世界上最尴尬的人，是那些见识太少却又想得太多的人。有学识没见识，容易孤芳自赏、刚愎自用，会坐井观天，乃至夜郎自大。困难，就是困在家里万事难；出路，就是出去走走就有路，所见所闻会改变一生，不知不觉则葬送一生。一个人要么读书，要么旅行，灵魂和身体总得有一个在路上。相比而言，如果不读书，行万里路只不过是个流浪者而已。

胆识就是胆略和气魄，有胆识便有勇有谋，胆识是学识和见识的体现。学识、见识、胆识集合成一个人的文化。什么是文化？鲁迅先生说，文化是深入人骨髓里的东西。人是文化的载体，文化自信说到底是人的自信。有了学识、见识、胆识，而且“三识”俱佳就是一个真正有文化的人，就具备了创大业、成大器的好法宝。

学识、见识、胆识是成事之宝。学识决定深度，见识决定广度，胆识决定力度，“三识三度”，成事之大器也。

七、知足、知不足、不知足是人生航程的“校正仪”

做官知足、做人知不足、做事不知足，是做官做人做事的正确价值取向，是人生之度。知足不是不思进取，而是减少不该有的欲望；知不足乃大善，常思己之所过，有则改之，无则加勉；不知足就是面对成绩不骄傲，永葆进取向上之心。只有这样才会不折腾、不陶醉、不停步，才会真正拿到实现人生价值的“金钥匙”。

做官知足，既是一种清醒，更是一种心态。做官知足，得端正“官念”、淡化“官欲”，而且有一个合理的参照坐标。人生的追求，重要的是活得比以前好，不是活得比别人好，否则就会因为“一山看着一山高”而折腾、焦虑，甚至失落、郁闷。

做人知不足，这既是一种自律，更是一种自觉。做人知不足，就是要以“吾日三省吾身”的精神和自觉，常常以人为镜，照差距；以事为例，看不足；以己为训，查过错。人不怕有过错、有不足，就怕错过了知错纠错、知不足改不足的机会。做人知不足，才会不断自我完善、自我修正。

做事不知足，这既是一种责任，更是一种精神。以一种强烈的事业心和责任感，奋发有为、积极进取的精神状态，带着责任、带着感情，扑下身子去干事。能取得成功的人，未必是占据了最好的位置，但一定是用心把事情做到最后、做到最好的人。

知足者乐，知不足者勇，不知足者进，倘若做官知足、做人知不足、做事不知足，便走出了自我小天地，走进了人生大舞台，就会找到了人生定位、找准了人生方位。

八、眼力、魄力、毅力是实现梦想的“硬翅膀”

眼力，是一个人分析、观察、思考问题的眼光和视角。未发生的能预测得到，隐藏的能发现得了，靠的就是眼力。人与人之间最大的差距不是在视力上，而是在视野上。眼睛能看到的地方需要视力，眼睛看不到的地方需要眼力。当谬误与真理千缠百结，当诡谲与事实纵横交错，当现象与本质扑朔迷离时，是否具备慧眼则拉开人与人之间高低上下的距离，眼力强者使自己心明眼亮，不迷惑、不茫然、不平庸，能够鹤立鸡群、高人一筹。

魄力既是一种决断力，也是一种人格魅力，表现为处理事情、解决问题时的胆识和果断作风。但凡有魄力的人，都有一种气势和气场；但凡有魄力的人，都有自信和主见。有了魄力就能牢牢捉住稍纵即逝的机遇，抢占制高点，机遇就像闪电，只有快速果断才能将它捕捉住。能抓住面前机会的人，十有八九都会成功。

毅力也叫意志力，它是一种恒心、一种坚持和一种韧劲，是那种能够“一如既往、一以贯之、一往无前、一抓到底”的决心和勇气。“日日行，不怕千万里；常常做，不怕千万事。”滴水穿石也好、铁棒磨成针也罢，愚公移山也好、精卫填海也罢，贵在有毅力、能坚持，始终不放弃、不抛弃。有了毅力就能坚持、坚持、再坚持，就能走出人生的沼泽地，锲而不舍地一直向前走。毅力从何而来？一是来自内心的追求；二是来自内心的坚强；三是来自内心的干净。

没有眼力看不到未来、看不清方向，没有魄力成不了大事，而没有毅力成不了大器。成功多半属于那些敏锐发现问题、很快做出决定，却又不轻易变更的人。一个人要想实现自己的梦想，就得有见微知著的眼力、当机立断的魄力、矢志不渝的毅力。

九、平和、平静、平淡是快乐幸福的“主打歌”

“宠辱不惊，闲看庭前花开花落；去留无意，漫随天外云卷云舒。”这是一种境界和眼界，更是一种心态和状态，如何让平和、平静、平淡成为一种常态，需要沉淀和修炼。

平和，主要表现在对人的言语和态度上。平和之人，低调谦逊，随性随和，能忍耐、忍受和忍让，不事事穷尽，不步步紧逼，得理会让人，与己无关的人往往一笑而过，非己所能的事常常随遇而安。平和源于一份心安自在，心安处处安，何处不自在？心宁处处宁，何处不从容，心越沉稳越平和。

平静，主要表现在对名声的向往和追求上。平静是一种人生真味，陶渊明醉于“采菊东篱下，悠然见南山”；孟浩然喜于“故人具鸡黍，邀我至田家”；李白乐于“钟鼓馔玉不足贵，但愿长醉不复醒”等，皆因对功名利禄的淡泊之心，他们也因此体味到人生的原汁原味。

平淡，主要表现在对利益的取舍和获得上。平淡的人，生活不讲究，拿得起、放得下，粗茶淡饭也很香，粗茶淡饭有真味，明窗净几是安居。人活到极致，一定是素与简，生活中丰富的极致是简单，绚烂的极致是平淡，正所谓“绚烂至极，归于平淡”；故事再美，结局还是再见。

对人平和、对名平静、对利平淡，始终保持着平和之状、平静之态和平淡之心，始终对身外之物“看得透、想得通、放得下、忘得了”，如上善之水利万物而不争，就会心平气和、幸福快乐，有了一把开启幸福的钥匙。人的所有不快乐，一言以蔽之：一是求之不得；二是舍之不得。人生最大的幸福，是“身已安”和“心亦宽”。对于每个人来说，平和、平静、平淡是最舒服的枕头，它让人生安稳好梦。平安最宝贵、平和最轻松、平静最难得、平淡最悠然，拥有平和、平静、平淡，人生就是一曲悠扬的歌。

十、可为、可不为、不可为是事遂心愿的“三把火”

为官从政，对自己要做的事情，要心里有谱、胸中有数，想清楚、弄明白哪些事可为，哪些事可不为，哪些事不可为。可为之事全力做、可不为之事量力做、不可为之事决不做，这是难能可贵的一种清醒和自觉。做对的事情，比把事情做对更重要。

可为之事当全力去做，这是一种责任和担当。在千头万绪、纷繁复杂的事情当中，哪些事是可为之事？要干事，就得全力去干那些既有意义，又有能力，并且得到大家支持拥护的事。没有意义的事不必做，没能力办到的事无法做，得不到大家支持的事做不成，这三个要素都具备了的事才真正可为。

可不为之事当量力去做，这是一种清醒和自觉。孟子有句名言："人有不为也，而后可以有为。"范晔在《后汉书》中说："然则有所不为，亦将有所必为者矣。"世上之事，当有所为有所不为，而不为或一时不为并非不能为，实乃一时的条件不成熟、不具备，倘若硬着头皮勉强为之，则必定事与愿违或事倍功半。做事情，不能只凭一腔热血，或只是一厢情愿，有时候，有些事情条件不具备、不成熟和不到位时，不妨暂且缓一缓，不可操之过急，有时"慢下来"也不失为一种良策。

不可为之事当坚决不做，这是一种意志和定力。没价值去做、无能力去办、大家又不支持去干，这"三者"都沾边的事自然不可为。对于不可为之事，重要的是有正确的价值观、名利观和政绩观，学会算大账而不是一味算小账、看长远而不是一味看眼前、想全局而不是一味想局部、装着大家而不是一味装着自我，这样，心里头才会亮堂，才不会不可为而为之。

（原载《学习时报》2013 年 4 月 22 日）

做人做事做官『又十悟』

做人做事做官无论是选择题，抑或是问答题，都是每个人不可回避和无法绕开的人生大课题，都活生生地摆在大家面前，需要各自用心破题，用力解题，寻找答案，为自己的人生交一份满意的答卷。

有鉴于此，再续“十悟”，以飨大家。

一、世界观、人生观、价值观是相伴一生的“总开关”

世界观、人生观、价值观乃“观”世界、“观”人生、“观”价值并形成观点，它是一个人对世间万物、人生目标、价值取向的立场、观点、态度和看法的总和。

什么样的世界观、人生观和价值观决定着做人做事乃至做官的立场、态度和方法，它好比是“总开关”，具有决定性作用。也许一些人没有那么高的境界和追求，这不要紧，只要立志去做一个对社会有价值的人，只要心怀真善美，去做给这个社会传递正能量、传播好声音的人，只要是“一个高尚的人，一个纯粹的人，一个有道德的人，一个脱离了低级趣味的人，一个有益于人民的人”，就是一个把好了“总开关”的人。

不同的世界观、人生观和价值观，衬托出不一样的格局和境界，是小我还是大我、是崇高还是卑琐、是高大还是渺小、是清澈还是混沌，泾渭分明、高低立显。大量正反两方面的事实告诉我们，但凡出事或有问题的人，都是从这“三观”产生病变开始的，缺口一旦打开，各种细菌就会侵入，在思想的温床上滋生蔓延，然后使人的肌体产生腐化。

世界观、人生观、价值观绝不是空泛的大道理，不是虚幻的东西，而是实实在在、如影相随、相伴一生的东西。只要是个活着的人，只要你有思想，你就受到各种世界观、人生观和价值观的支配和左右，谁也逃脱不了，谁也避免不了。只有树立正确的世界观、人生观和价值观，才会使人对客观事物产生正确的立场观点和思想方法，才能使人确立正确的人生目标和价值追求，才会做人有大是非、做事有大方向、做官有大原则。所以，在改造好客观世界的同时，改造好主观世界，树立正确的世界观、人生观、价值观是伴随一生的大课题。

二、责任感、使命感、紧迫感是干多干少的“动力源”

做事情、干工作，责任心、责任感至关重要。人的一生得扮演各种各样的角色，自然也就承担各种各样的责任，大到社会的、国家的和民族的，小到家庭的、工作的和朋友的，责任无处不在、无时不有。

责任既是一种素质，又是一种品质；既是一种担当，又是一种使命。事情面前能够“顶”得起、挺得住，能够站得出来、豁得出去，对待事情不推不拖、不躲不闪，就是一个有责任感的人。责任感哪里来？来自对所从事工作意义和价值的认识。认识上去了，就会内生出一种“要我干”为“我要干”的自觉，就会有“坐不住”“闲不下”“躲不了”的紧迫感，就会全身心地投入，会急着干、争着干，就会时时刻刻“脑中有事、眼里有活”，甚至会寝食不安、废寝忘食。每一个不曾起舞的日子，都是对生命的辜负，只争朝夕便是让我们的生命翩翩起舞。责任是“驱动器”，是“动力源”，始终把使命牢记心中，把责任举过头顶，把只争朝夕的紧迫感扛在肩上，就会一丝不苟、精益求精地把工作做好、做精、做实、做周全。

“坐不住”的是责任感，“闲不下”的是使命感，而“等不起”“慢不得”的是紧迫感，这“三感”是做工作、干事业不可或缺的精神状态。

三、造势、借势、顺势是成不成事的“金钥匙”

事业成不成功本质上就是一个趋利避害的过程。“势者，利害之决。”造势、借势、顺势说白了就是怎么个趋利避害，让“利”越来越多，使“害”越来越少。

造势好比写文章的谋篇布局，要先谋于局、后谋于略，略从局出，要善于选取关键卡位，营造出有利于事业发展的局势、人脉和气场。如果把人生比喻成一条河流，那么造势好比在人生的长河中丢一颗石头，让人生溅起水花。造势的最高境界是令一切尽在自然中，恰如其分，却了无造势的痕迹。

人生是有限的，一个人要想在有限的时间里获得成功，得学会借助各种有利条件迅速实现自己的目标，此乃借势。正如哲人所云：只有站在巨人的肩上你才能看得更远。《三国演义》中的“草船借箭”便是经典的借势之举。借势需建立在识势的基础上，对大势有一个准确的判断，不能造势者则可多借势，借力、借机便是一种借势，善借势者应常处蓄势待发之状。

顺势则是一种顺大势、合潮流，是识时务者的智取，它实质上是在避逆势、待时势。顺势乃“搭顺风车”也，是一种乘势，乘势而上、顺势而为；顺势也是一种趁势，趁着机会，见机行事。

势，规律也。规律则不可逆、不可改和不可挡，所谓“势如破竹”“势不可当”。《孙子兵法》曰：“激水之疾，至于漂石者，势也。”其意是湍急的流水，飞快地奔流，以致冲走巨石，这就是势的力量。古人还有一句话颇有意思，“观千里不能自顾其耳，举千钧不能自拔其身。非目不疾、力不及也，势也”。大概说的是，一个人就算是千里眼，自己却看不到自己的耳朵，即使能举起千斤重担却不能够把自己身体举起，这不是眼力能达到的，原因在于“不得势”。由此可见，“势”对于人、对于工作之重要。一个人，要经常时不时地坐下来、静下来、慢下来仰望星空，对眼下或当前的“势”进行分析、观察和瞭望。“肯取势者可为人先，能谋势者必有所成。”世界潮流浩浩荡荡，顺之者昌逆之者亡，只有顺应潮流、合乎时势者，只有因势而谋、应势而动、顺势而为者，才能干成事。

四、自信、自立、自强是乘风破浪的“定神针”

人，贵在自信，重在自信。“自信人生二百年，会当水击三千里。”这是青年毛泽东的诗句，展现了挑战人生极限、成就一番大业的凌云壮志。

相信自我是成功的基石，完善自我是成功的阶梯。在人生的航程中，自信是人生的风帆，是一种力量，是“成功的第一秘诀”。自信是一种心态，也是一种状态；自信是一种气质，也是一种品质。梁启超说：“自信者常沉着。”自信的人总是信心满满、意气风发又从容不迫，说话时底气十足、做事时劲头十足、相处时轻松自如、拍板时果断坚毅，即使遇到棘手的问题或面临困境，也能够举重若轻、收放自如。“欲人勿疑，必先自信。”人生只要扬起自信的风帆，就能乘风破浪，一往无前。自信是成功的起步，自信通往成功，又在成功中增添新的自信。人的自信从哪里来，怎么来？一是从实践锻炼中来，二是从学习思考中来。实践既出真知，又出自信。长期的实践锻炼、丰富的阅历，让人见多识广；不断地摸爬滚打、身经百战，让人百炼成钢。

自信的人往往自立、自主、自强。人当自立，自立就是自己的事情自己干，自己成为自己的主人。不要做别人的备胎，要把握自己的方向盘；你的生活应该由自己掌勺，酸甜苦辣全靠你自己调控；生活不是电影，不要在别人写好的剧本里去演绎自己的人生；当你有能力书写自己人生故事的时候，不要把笔交给别人；生命，是自己的画板，不要依赖别人着色；等等，这样的人生才是自立自主的人生。俗话说，靠人不如靠己，求人不如求己，那种“衣来伸手，饭来张口”的人到头来只会很凄凉。“自立人生少年始。”从小就学会自立，养成各种好习惯。自立是罗盘，为攀登者指引方向；自立是劲风，给远航之船以不竭动力。

“天行健，君子以自强不息。”“笃行信道，自强不息。”春秋时期著名思想家屈原，在自己处于极端困难的情形下，呐喊出“惩违改忿兮，抑心而自强”，他应该是最早提出自强思想的。《礼记》中也讲道："知困，然后能自强也。"自强既是一种品德，也是一种品质；自强既是一种信念，也是一种境界，它展现出精神之美，盛开出精神之花。自强常常表现出在困难面前不低头、不丧气，遇到挫折不气馁、不屈服。

人生中很多阴影的出现，是因为我们自己遮住了阳光。一个人无论去哪儿、什么天气，都记得带上自己和阳光，自信、自立、自强便是自己和阳光。

五、争先、抢先、占先是快人一步的"勇字诀"

《孙子兵法》云：兵贵神速。神速之要义在于一个"先"字。先的要义则在于，人无我有、人有我快、人快我优、人优我新。

芸芸众生、茫茫人海，凭什么一马当先、独占鳌头和高人一筹？主要源于"三凭"。

一凭先知先觉。"春江水暖鸭先知"。先知先觉得有很强的感知力和认知力，未雨绸缪，落叶知秋，需要见事早、出手快，"醒得早、起得快"，敢为天下先。先知先觉成就一生；后知后觉，得有后来居上的"恐后"心理，不甘落后，奋起直追亦可“亡羊补牢”；不知不觉则麻木不仁，甘为人后，最后一事无成。属于自己的风景，不要错过，如果不是自己的风景，那完全可以路过。机会面前人人平等，但机会绝不是平均分配的，机遇总是给有准备的人而准备的。机会就像一扇迅速旋转的门，当那个空当转到你面前时，你必须迅速地挤进去，不然就慢人一步、落人后头。

二凭坚持“奋楫”。《礼记·中庸》中说：“百舸争流、奋楫者先。”奋力划桨的人才会走在最前面。王羲之是东晋有名的书法家，他每天练字，练完之后就在家门口的一口池塘里洗笔，日复一日将整口池塘的水染成了黑色，像墨一般，人们把这口池塘叫作“墨池”。他的儿子王献之，七八岁的时候，跟着他也学书法，有一次他向父亲讨教书法的窍门，王羲之指着院子里的十八口大水缸说：“写字的秘诀，就在这些水缸里面，你把这十八缸水写完就知道了。”王献之就这样坚持不懈地勤学苦练，终于写干了十八缸水，开创了一代书法新气象。父子两代人一起诠释了“奋楫者先”的真谛。

三凭勇于创新。为什么有的人也“醒得早、起得快”，可后来却渐渐“走得慢”“飞不高”以至于“掉队了”“落伍了”，就在于他走得是“老套路”“老路径”，产生了“路径依赖”，缺乏走新路的勇气和胆略，也缺乏走新路的方法和探索，于是裹足不前了。

争先、抢先、占先，既是一种精神状态，又是一种本事和能力；既需要勇气，又需要办法，它是一个人慧根、慧心和慧眼的聚合，只有具备争先恐后的状态、抢先占先的本事，才能走在他人的前面，成为遥遥领先的佼佼者。

六、谋事、谋道、谋略是高人一筹的“撒手锏”

做人做事做官成功者，关键在于一个“谋”字，其高低上下、成败好坏的分水岭也在于有没有“谋”。当然，问题在于谋什么、怎么谋。高明的人谋事、谋道、谋略，精明的人则谋人、谋术、谋策。高明的人三步一计，精明的人一步一计，或一步三计。前者是一种智慧，后者是一种聪明。

人要谋事先于谋人。《左传·襄公元年》中说：“以继好、结信、谋事、补阙，礼之大者也。”谋事多出于公心，谋人多出于私心。事实上，谋事多的人反而事少，谋人多的人反而事多；谋事的人简单，谋人的人复杂；谋事的人“会做事”，谋人的人“会来事”。真正日久见人心的还是谋事不谋人的人，真正笑到最后的还是“会做事”的人，“会来事”的人没有市场。

人要谋道优于谋术。孔子曰：“君子谋道不谋食，君子忧道不忧贫。”所谓谋道，乃谋求事理和道义。人要明事理、担道义，这样的人才有格局、有未来。当然，人也不妨有些谋术，谋术大体有厚黑术、权谋术等，大都是些争权夺利之术，登不了大雅之堂，也造就不了大格局。谋道提升境界，谋术降低眼界。

人还要谋略高于谋策。谋略者站位高、看得远、想得深，视野开阔、胸襟开阔、思路开阔。谋略是一种战略。什么是战略？毛泽东说：“战略问题是研究战争全局的规律的东西。”换言之，着眼于“全局的规律性的东西”就是一种谋略。

常言道，谋有阳谋和阴谋之别，谋事、谋道、谋略乃阳谋，谋人、谋术、谋策更多的是一种阴谋。大智慧的人之所以技高一筹就在于谋事先于谋人、谋道优于谋术、谋略高于谋策。前者让人站位更高、视野更开阔、胸襟更宽广，而后者则站位偏低、视野趋窄、胸襟渐小，甚至久而久之会局限于个人心计，走入狭窄的“人生死胡同”。人生小胜靠术，中胜靠智，大胜靠德。

一般而言，高人议论理，常人议论事，小人议论人，谋事、谋道、谋略是从大局着眼、大处着手、大事着力，是以大见小，这是真正技高一筹的“撒手锏”。

七、高人、贵人、家人是爬坡过坎的“助推器”

一个人的成长进步，个人努力是关键、是内因，起着决定性作用，同时，走在人生路上，也会遇到这样那样的人，简单地说是好人或坏人，好人遇得多则一路顺途、爬坡过坎，人生之路香花弥漫；坏人碰得多则命运多舛、荆棘密布。在各种各样的好人中，最离不开的是高人指点、贵人相助和家人支持。高人、贵人、家人是真正的财富，这三种人能让你人生的关键点成为转折点，让你事业的起步变成起飞。

高人就是那些有丰富人生经历的过来人、“经历者”，他们或既有故事也曾有事故、既有成功也有过失败、既有丰富经验又有人生积累和沉淀，经历让他们见多识广。他们是我们前行的路标，在你人生的紧要处、关键时、转折点和危险地对你作导引和点拨，让你少走弯路、免走岔路、不走错路，让你在人生的重要节点和关键路口行稳走好、走出精彩。

贵人就是领导和组织，就是“伯乐”，一个人能否在芸芸众生中不被走失，能否在茫茫人海中不被淹没，关键是能不能遇到贵人。领导和组织的培养，伯乐的发现和提携，让人脱颖而出、平步青云。贵人说到底是一种机遇、机缘和机会，然而，贵人是“给有准备的人准备的”。碰上贵人，是福是缘。

事业有成，一刻也离不开家人。儒家提倡“修身齐家治国平天下”，其中要义也在于此。一个人要甩开膀子、心无旁骛地干工作，背后得站着一个理解、信任、支持和给力的“亲友团”。当你发展得顺风顺水、志得意满时，给你喝彩叫好、温馨提示；当你在前行路上失意失落、遭遇挫折、困难和“暗礁”时，给你助力加油、纾困宽慰。家人支持，莫过于理解、信任和包容，只要家人是“加油站”不是“拖油瓶”、是“避风港”不是“招风地”、是垫脚石不是绊脚石，既“亲”又“清”，既相亲相爱、抱团取暖，又在是与非、公与私上清清楚楚，在名与利、钱与物上清清白白，在来与往、情与爱上清清爽爽，人人添砖加瓦而不是添堵添乱，就是最大的助推。家人的理解、信任和支持是人生之福、个人进步之福。

八、知恩、感恩、报恩是为人处世的"基本色"

知恩图报是优良传统文化的基本要义，是做人为官最起码的本色，丢掉了这一点就失去了做人为官的基础和条件，就无法做人，也难以为官。人生在世，或多或少会碰到一些有恩于自己的人，他们在自己成长进步中、危难关键时关心关照、帮助支持过自己，不可、不该更不能忘却他们，否则会遭人唾弃，失去人心。

人，得先知道谁有恩于自己、为什么会有恩于自己、有多大的恩，这份恩情对自己意味着什么，等等。常念人之恩情是做人的良知所在。

知恩得感恩。"羊有跪乳之恩，鸦有反哺之义。"人，至少有四种大恩大德是永世不能忘的。一是养育之恩。"父恩比山高，母恩比海深。"恩，莫大于父母养育之恩。二是救命之恩。人的生命只有一次，救自己于危难之际、垂死之时、倾倒之刻往往也只有一次，应当刻骨铭心、没齿难忘。三是知遇之恩。有缘相识、相知并在自己的人生关键处、紧要时、转折点厚爱有加，或发现，或赏识，或相助，或栽培，或提携，或给力，等等，这种恩情可遇不可求、可得不可舍。四是患难之恩。当自己遭遇人生低谷，落魄落难，走“滑铁卢”“下坡路”时，他人不离不弃、相伴相随，有福同享、有难同当，这种患难之恩温暖心灵、砥砺人生。快乐的人不一定懂得感恩，但懂得感恩的人一定很快乐。

感恩，还得报恩。感恩不是停留在嘴巴说说或一时做做而已，而是要体现在具体行动、持续行动上，当他人特别是有恩于自己的人需要帮助时能助人一臂、帮人一把，雪中送炭或成人之美。“滴水之恩，涌泉相报。”报恩是不拘形式也无论深浅多少的，有时哪怕只是静静、默默地守望和祝福，或者哪怕是只剩下一颗报恩之心也足矣，而有时不惜以性命回报亦让人无限感动。这样做了，既心安、又理得，还得人心，可谓受之大益不在于物力之“舍”，而在内心幸福愉悦之“得”。

九、大事件、大舞台、大考验是成大业者的“龙门跃”

一个人要成大业，得大气，而大气的养成得想办法干大活、上大舞台、经受大考验。干大活，上大舞台，就是上“主战场”，去打大仗、硬仗、恶仗，这个过程必定要经受大挑战、大考验和大检验。

“干大活”，就是做那些急难险重的事情，挑大担子、接大任务。“大活”很有可能牵一发而动全身，往往既关乎全局，又关系局部；有时很可能是“生死战”，既决定命运，又影响未来。干过“大活”的人必定多了自信、多了底气，多了从容、多了淡定。

俗话说：舞台小天地，天地大舞台。人要到广阔的天地去闯，到火热的生活中去生活，宅男宅女是“宅”不出大出息的。人生的舞台有大有小，“海阔凭鱼跃，天高任鸟飞”，要寻找机会、争取机会上大场面，见识多了，自然就不怵事、不怯场了，关键时也就不怂了。人与人不一样，有的是放养大的，有的是饲养大的。温室里的花朵长不大，志存高远者得经风雨、见世面，到大风大浪中去“冲浪”，到急难险重里去“摔打”，到逼得自己没退路的环境下去“搏杀”。有时候，让我们后退的不是前方的对手，而是后面的退路，只有斩断自己的退路，才能更好地赢得出路。

大事件、大舞台是最大的考验，也是最好的检验。人是需要经历一些考验的，尤其是大的考验。大考验无非生与死、是与非、名与利，倘若有“命悬一线”的生死大考验，“非敌即友”“非此即彼”“非对即错”的是非大考验，“得之即失、失之即得”的名利大考验，有这么些“热锅上蚂蚁”的大考验，正是一个人成长成熟和成大业的绝好过程。人生有许多事情，正如船后的波纹，总要过后才觉得最美。绝路逢生者必定有大彻大悟，劫后余生者必定会淡定从容。

一个人想要优秀，必须接受挑战；一个人想要尽快优秀，就要去寻找挑战；一个人想要尽快更优秀，应该敢于迎接并战胜大挑战。大事件、大舞台、大考验就是成大器、成大业者的大挑战。

十、防线、底线、红线是守护前程的“生命线”

但凡出事者，皆因思想上没防线、心里头没底线、行为中没红线，我行我素、随心所欲。

任何人，任何时候都得有思想防线。筑牢思想防线，是风险意识、危机意识和忧患意识使然。“凡事预则立，不预则废。”为官从政，思想防线的失守是最大的失守，也是最危险的失守。而思想防线的失守，有时往往就在一念之间或一念之差。有的人，就因为自己宽慰自己“不会有事”

“不会那么倒霉”，或者自己安慰自己“下不为例”“天知地知你知我知”，结果自毁长城，这实际上都是在掩耳盗铃、自欺欺人。思想防线的失守，有时往往源于一种自我麻痹或自我陶醉，甚至就是犯一时糊涂，是侥幸思想、投机心理作祟的结果。有一句话说得好：“房子是应该经常打扫的，不打扫就会积满灰尘；脸是应该经常洗的，不洗也就会灰尘满面。”人的思想呢？也会沾满灰尘，也应该经常打扫和洗涤，唯有如此，才有可能把自己的思想防线筑牢。

任何人，任何事情上要知道底线在哪里，边界在哪里？人要有底线概念，知道什么事可干、什么事不可干，什么人可交、什么人不可交，什么话可说、什么话不可说，什么地方可去、什么地方不可去。当然，不同的人可能会有不同的底线标准，在这个人眼里或心里是底线，在那个人眼里或心里也许算不上底线，特别是在现如今社会底线普遍有所下降的情形下，有时底线显得比较模糊，但是，做人做事做官是非、对错、好坏那些最基本的底线是清楚的、明确的和一贯的，所谓人人心中有杆秤，秤砣就是那人心，也就是人们常说的公道自在人心。那些悖民意、违民心、逆民愿，招众人戳脊梁骨和唾弃的人和事就应该是社会的底线。就自己而言，不做让良心不安、昧着良心的人和事就是底线。换句话说，不能出卖自己、背叛自己，这就是做人的基本底线。底线是要死守的，出线意味着出界，出界就会出局，出界就会出事，越轨的瞬间就是痛苦的开始。任何时候都不要放弃底线，只有心灵站直了，生命才不会倾斜。

任何人，任何情况下都要明白政策和法律法规的红线是什么，踩红线意味着什么。政策以及法律法规是人生路上的一条条红线，碰不得、越不得。每个人都要知法守法，把自己的一切言行置于法律法规之下，这是任何时候任何人“安全出行”的最根本保证。

筑牢思想防线，守住做人底线，不踩法律法规红线，这“三线”是高压线，也是生命线，保持住了这“三线”，就不会被“设局”、被“下套”，就不会掉入陷阱，倒在成功前的“一米线”上。

总之，做人不成功，做事成功是暂时的；做人成功，做事不成功也是暂时的；而做人成功、做事又成功，“做官”则是永远的。

（原载《学习时报》2013 年 10 月 7 日）

做人做事做官『再十悟』

做人做事做官有很多“道道”，其中有“大道”“正道”，也有“歪道”“邪道”，这就需要经常去“悟”、不断去“悟”、深入地“悟”。或许“悟”一遍两遍不够，就三遍四遍，直至悟深悟透，“悟”出真谛来，再沿着“大道”“正道”走，绕过“歪道”“邪道”行。笔者曾“悟”过“十悟”“又十悟”，大家颇以为然，于是，这里再续“十悟”，或有些不得要领，或有点不厌其烦，姑且共享共勉。

一、立德、立功、立言是成功人生的“三部曲”

先贤提出人生有“三不朽”：立德、立功、立言。古往今来，修行品德、建功立业、著书立说，是一代代读书人的一种精神追求和理想境界。“立德，谓创制垂法，博施济众；立功，谓拯厄除难，功济于时；立言，谓言得其要，理足可传”。

立德始终是立功、立言的前提和基础，说到底人要宽厚诚实、仁义慈爱，说白了就是做一个真善美的好人。人们对崇高品德的向往和追求是一致的，都推崇以德服人、厚德载物，这是做人的第一要义。古往今来，关于“德”的格言浩如烟海，尽管“德”的内涵有不同的侧重点，但人们对“德”的崇尚、追求和取向，从来没有淡化过、间断过和改变过。老子在《道德经》中叮嘱世人做一天人就要讲一天德。人不可一日无德，立德修身永远在路上。综观芸芸众生，有德无才谓之庸，有才无德谓之韧，德才兼备谓之贤。孔子曰：“芝兰生于幽林，不以无人而不芳；君子修道立德，不为穷困而改节。”“为政以德，譬如北辰，居其所而众星拱之。”为官从政者更要以德为先、以德为重和以德为生，把立德作为必修课、护身符。人何以立德？一句话，就是要经常去“吾日三省吾身”，以人为镜，修养自成。

追求事业有成，是人生在世的一种价值体现，人未必都去干惊天动地、轰轰烈烈的大事，但只要把一件事干到底、干出成绩来，干一件成一件，就是实实在在地建功立业。为国为民建功立业是生命的升华。千百年来，什么样的功业才“不朽”？只有那些建立在人心上的功业才真正有生命力、可持续，它既经得起“现在看”，又经得起“回头看”，还经得起“往前看”。“有的人，把名字刻入石头想‘不朽’。”“把名字刻入石头的，名字比尸首烂得更早。”“有的人，他活着为了多数人更好地活着。”“给人民做牛马的，人民永远记住他！”功过自在人心，最大的功业是得人心。

立言，则是以自己的思想言论来影响人、教育人，把自己脑袋里的东西装进别人脑袋。立言未必著作等身，只要是传播正能量的思想、有真知灼见的言论，即便是家教、家训，就是在为天地“立心”。

立德、立功、立言，哪怕实现其中的一个，也能让生命大放异彩。

二、勇气、锐气、朝气是干事创业的“发动机”

人得有一股子气、一股子劲。从干事创业角度而言，特别需要一往无前的勇气、一马当先的锐气和一以贯之的朝气，“三气”兼备、“三气”俱佳则能开拓新视野、升华大格局、走进新天地。

勇气是自信和胆识的折射，有勇气的人总是抱着改变现有、突破现状的愿望。人的成功常常是被沉淀于内心的太多不可能禁锢着、捆绑着和束缚着，如果多一点冲破的想法、突破的办法，则往往变不可能为可能、变可能为现实。人生最大的武器是“豁出去的决心”。梦想与成功之间相距的只是跨越的勇气，很多人之所以没有成功，并不是因为缺少智慧，而是因为患得患失，缺少做下去的勇气，并不是能力不足，往往是勇气不够。虽然历经失败，但是从不丧失热情，乃勇气也。等待有把握时再去做一件事，往往意味着永远的等待。人最先衰老的不是容颜，而是一往无前的勇气。真正的勇气是做出决定，坚决捍卫，全力以赴；真正的勇气还在于敢于承认、敢于面对、敢于担当；真正的勇气并不是没有绝望，相反，它是一种尽管有绝望，却依然能够奋勇前行的能力。

人要有锐气，没有锐气就没有生命力，年轻人生命力旺盛，自然有一种锐气，但锐气并非年轻人的专利，人要成功都应当保持一种势不可当的锐气，敢于争先、抢先。锐气可扬不可挫、可鼓不可泄。

“空濛朝气合，窈窕夕阳开。”朝气如喷薄而出、冉冉升起的朝阳，人初始时容易有朝气，“好像早上八九点钟的太阳”，天长日久则容易日渐式微、暮气沉沉。人可以老成持重，却不可以老气横秋，秘诀就在于能否永葆朝气。

事业恰似雪球，必须勇敢地、坚持不懈地往前推，倘若中途停下，便会立刻融化消失。干事创业有了勇气、锐气和朝气，便能一往无前、一马当先和一以贯之。

三、容言、容事、容人是赢得人心的“吸铁石”

天空容纳每一片云彩，于是广阔无比；高山容纳每一块岩石，于是雄伟壮观；大海容纳每一朵浪花，于是浩瀚无垠。人亦如此，包容越多，得到越多，倘若能容言容事容人，便能行事大方、豁达大度，最终赢得人心。人的可贵之处在于有一种相容性。

相容性最苦莫过于容言。就是既要容得了人家说话，又要容得了人家说的话。人缘好的人，通常不是因为他有多幽默，多会说话，而是在于他能静静地倾听每个人说的话，这既是对他人起码的尊重，也是一个人最好的素养。不等他人把话说完便粗鲁打断的人，谈不上有素养。《史记》中有句名言：“言能听，道乃进。”既要听，而且要听得进，特别是听得进不好听的话。有的人总是一味地喜欢听赞歌，或热衷于听“礼炮”，而排斥或拒绝人家唱反调、唱对台戏，更不习惯或不愿意听到那些尖锐逆耳、刺耳的话。“兼听则明，偏听则暗”，对于好话、坏话、难听甚至“骂娘”的话，都能听得进、容得下，既是一种态度又是一种气度，既要有肚量又要有雅量，既需要勇气又需要智慧。容言，才能听到“谔言”“诤言”和“谏言”，才能广开言路、集思广益。

相容性最累莫过于容事。就是易事、苦事、难事、好事、窝囊事，不管什么事都能装在肚子里，然后一件件地处理，做到易事精心办、苦事开心办、难事用心办、好事好心办、窝囊事尽心办，不因其易而轻视、不因其苦而放弃、不因其难而退缩。

相容性最难莫过于容人。人总是各种各样、形形色色的，有你喜欢和投机投缘的，也有你讨厌反感和排斥拒绝的，五个指头伸出来有长有短，这就特别需要包容。如果说，迁就自己是一种过错，那么，迁就别人则是一种美德。“不责人小过，不发人阴私，不念人旧恶。”说的是不去责备他人的小过错，不去揭发他人的隐私，不去记恨他人的旧仇，这是容人的境界。心灵的宽度，不是你认识了多少人，而是你包容了多少人。宽容的最高境界，不是放下而是放过。如果说，能够主动道歉的人内心很强大，那么，能够主动原谅和宽容人的人，内心更强大。容人者才能更得人心，容人者才能被人容。

天空容不了日月，它便一无所有；大地容不下山川草木，不过是丑陋、千疮百孔的骷髅。俗话说：“将军额头能跑马，宰相肚里好撑船。”容言、容事、容人乃大气大度、豁达开明者的“标准像”。

四、守愚、守静、守信是守护自我的“净化器”

人可大智若愚，切不可大愚若智，学会难得糊涂甚至有时“装糊涂”，而切不可自以为是甚至“假聪明”。有一种人常被说成精明但不高明，精于算小账却不会算大账，说到底还是不聪明，没有大智慧，不会守愚、藏拙。一个人最大也是最高的境界是抱朴守拙，心头洞明，却一副痴呆愚顽的神情。《史记》上记载，孔子年轻时曾经向老子请教做人的道理，老子告诉孔子说：“良贾深藏若虚，君子盛德容貌若愚。”了不起的商人往往深藏不露，外表看起来好像一无所有；品行高尚的君子内藏道德，而外表看起来好像愚钝。财大不气粗、恃才不自傲、官大不压人，这三种人就是一种守愚。人至察则无徒，所以，人不能太精明、太计较，平时糊涂一点，给人留有余地，方是共赢之路。一个真正聪明的人往往不怕他的对手装聪明，而是害怕他的对手装傻。

守愚的背后是一个安宁的灵魂，一片安静的心。静，是祖先们推崇的一种大智慧，它既是一种歇息，又是一种修行。很多烦恼来自喧嚣，很多伤痛来自躁动。《道德经》上说，静为躁君。静能克服人身上的躁动之气。《大学》里说：“静而后能安，安而后能虑，虑而后能得。”可以说，静是安宁、思虑并有所得的前提和基础，正如沉能制浮、宽能制褊、缓能制急一样，静能制动、静能生慧、静能养神，静如处子，才能动如脱兔。水静下来才会清澈，人心静了才能真正做生活的主人，当你能够平心静气、放弃执拗的时候，喜悦就会油然而生。静气是一种大美。“心收静里寻真乐，眼放长空得大观。”安静的人才会冷静观察、审时度势，才会找寻到心的超然和安宁，心清才能看到万物的本质，心静才能听到万物的声音。只有守静的人，才能善于发现并懂得享受生活中的真善美，才能保持一份淡定、从容的处世态度，才能在纷繁复杂的世界中保持一种定力而不至于迷失。

外在守愚、内在守静，骨子里则最需要守信。《论语》中说：“人而无信，不知其可也。大车无輗，小车无軏，其何以行之哉？”人若无信用，便无法行走。守信是用钱都买不到的高贵品质和人格魅力。信任人是一种境界，被信任是一种幸福，他人信任你是因为你的可信，是你在他人心目中存在的价值，唯有一贯守信的人才能得到人家的信任，才能获得此等幸福。失信是人生最大的破产，守信是做人最大的一笔资产。

五、长处、难处、好处是修身养性的“三境界”

多看人长处、多帮人难处、多记人好处，不失为人与人之间的相处之道、相安之术，也不失为自己修身养性的三种境界。

多看人长处，既是一种角度，更是一种态度。俗话说：“瓜无滚圆，人无十全。”任何人都不是完美的，但有的人总是先入为主，或戴着有色眼镜看人，或干脆门缝里瞧人，结果把人不是看歪了，就是看扁了，甚至看坏了。看人要多看长处，如果光看他的短处，就会觉得没有一个人可交、可用，结果自己反而成了孤家寡人。从某种意义上来说，自己的优点，要掩饰几分；别人的缺点，要掩盖几分。做人要明白一个道理，常看别人的优点，自己的优点也会增加；常看别人的缺点，自己的缺点也会变大。

多帮人难处，既是一种胸怀，更是一种情怀。生命是一种回声，把最好的给予他人，就会从他人那里获得最好的给予；帮助的人越多，得到的越多。人不是生活在真空里，帮人就是帮己，今天我帮你，或许明天你帮我，不可以冷漠，不可以自私，也不可能所谓的独善其身。设身处地为他人着想，既雪中送炭，又锦上添花，多为社会增添、聚积和传递正能量，既是积德行善，又是在提升做人的境界。人生最重要的不是超过多少人，而是帮过多少人。帮人越多，人生越快乐，给别人的生命带来阳光的人，自己也会享有阳光。

多记人好处，既是一种修为，更是一种修养。知恩、感恩、报恩，是做人的一种美德，对于那些在自己危难时、关键处、重要事和转折点帮助过自己的人，不可、不该、更不能忘却。修为好的人善于忘记给过别人什么，却永远记得别人给过自己什么。懂得感恩的人，会赢得更多、更大的帮助，多记人好处既心安理得，又为自己加分。

六、布局、破局、成局是事业有成的“旋转门”

人生好比下一盘棋，要下好、下赢这盘棋，得心中有局，如果是无目的、无“棋路”、无章法地落子，走一步看一步、进一步算一步，迟早得输。那么，这个“棋局”该怎么走呢?

首先得学会布局。一个人得有一个好的人生规划，要有目标方向、成长路径、方法步骤和措施办法等。缺乏合理的布局，人则容易失去方向感和方位感。科学的布局是一种“跳起来摘桃子”“踮起脚尖看世界”的状态，既尽力而为，又量力而行。布局关键在开好局。开局起步被认为是人生的第一粒扣子，扣好这粒扣子关系到整件衣服能否穿戴整齐。

然而，有了一个好开头，并不意味着就能一马平川。在行进的过程中，可能会遇到这样那样的困局，这就要有破局的能力、解局的方法。破局之术、解局之法，是一个人能否走出人生泥潭、走进新天地的关键。眼下，面对各种各样的诱惑和陷阱、围堵和“围猎”，甚至一些别有用心者、居心不良者刻意设的局、下的套，既能识破，又能突破，既需要能力，又需要定力，这就是破局的功夫。

布局合理、破局有效，成局也就水到渠成。成局就是干成事，布局也好，破局也罢，如果干不成事，没有一个好的结局，那都白费心机、徒劳无功，所以，最后还是要把功夫体现在成局上。在人生重要关口，明白怎么个“起承转合”，布局、破局、成局便是“凯旋门”。

布局、破局、成局，个中奥妙在于局，既着眼于大局，又着力于细节，从一开始就把人生作为一盘大棋来走，走好人生的每一步棋子，扣好人生的每一粒扣子，特别是对于起步开局、起承转合、升降去留这些关键节点上的“落子”更要三思而行、落地有声、落子无悔。

七、谦虚、谦恭、谦和是谦谦君子的“标准像”

做人要做君子不做小人，要做真君子不做伪君子。真君子的模样有很多侧面，谦虚做人最为贵，古人所谓“谦谦君子，温润如玉”是也。谦虚是一种美丽，是一个人修养到一定境界后的外在表现。苏联作家高尔基有句名言：“智慧是宝石，如果谦虚镶边，就会更加灿烂夺目。”谦虚既能使自己进步，又能让他人敬重，还能使骄傲的人显得渺小、肤浅而笨拙。正如苏联作家奥斯特洛夫斯基所说的：“谦虚可以使一个战士更美丽。”自古以来，人们崇尚谦虚，赞美谦虚，视谦虚为一种难能可贵的美德，诸如“谦受益，满招损”“谦虚使人进步，骄傲使人落后”“虚心竹有低头叶，傲骨梅无仰面花”“虚心的人十有九成，自满的人十有九空”，等等，举不胜举。我们这个民族，谦虚是我们的文化本色，骨子里有谦虚的基因，性格中有谦虚的密码。《易经》有六十四卦，再吉的卦也有不吉的爻，唯有谦卦六爻皆吉，对此有一个精妙的注释：“谦，尊而光，卑而不可逾。”其意是，谦虚是不可战胜的。

如果谦虚是做人的一种态度的话，那么谦逊则是一种人品，是一种更为低调的态度和精神，是内在美德、素养和涵养的高度表现。低头走人生的上坡路，抬头走人生的下坡路。谦逊的人不自大、不虚夸，不因学问高深而骄傲自大，不因地位显赫而养尊处优，不因财富丰厚而口大气粗，如同成熟的麦穗，愈饱满愈低调内敛。伟大的人生就像灯塔那样，虽然没有巨大的声音，却一直散发光芒。

“道生于静逸，德生于谦和。”谦和是谦虚、谦逊者的表情和态度。修得谦和在，则能不烦不躁。谦和之人退能明哲保身，进能感化他人，一生都会幸福自在。谦虚使自己进步又美丽，谦逊让他人敬佩又敬重，谦和则使人感动又感化。

有真才者，必不矜才；有实学者，必不夸学。谦虚、谦逊、谦和的人，身段很软，却立足很高，他早已于无形中站在了做人的制高点上。

八、忠义、仁义、情义是取信于人的“好品牌”

人靠什么取信于他人？靠什么维系人与人的感情？说到底是靠忠诚、仁爱和真情。

古往今来，忠义一直为人们所看重。“忠诚敦厚，人之根基也。”无论是为官从政，还是经商办企，忠义和能力是两大基石，然而如果没有忠义，能力则无足轻重，忠义比能力更重要。在众人眼里，忠义之人往往深明大义、表里如一。《水浒传》中的杨志曾经问军师吴用何为“忠义”。吴用答道：“什么叫忠，对上无二心；什么叫义，对友无二心。”桃园结义的誓词写得一清二楚：“上报国家，下安黎庶。”一个人最大的忠义便是精忠报国、一心为民。

何谓仁义？仁爱与正义也。《礼记·曲礼上》云：“道德仁义，非礼不成。”仁义乃传统道德的最高准则。“仁义者，治之本也。”“仁义礼智信温良恭俭让”，这十个字中“仁义”是排在最靠前的。俗话说，钱财如粪土，仁义值千金。仁义无价，更是金钱难买，“以仁为富，以义为贵”是做人的价值所求。什么样的人才会讲仁义呢？孟轲说：“恻隐之心，仁之端也；羞恶之心，义之端也。”常怀恻隐之心、羞恶之心，便有了仁义的开始，就有了讲仁义的源头活水。仁者，爱人，也就是多设身处地替别人着想，为别人考虑。仁义之人大都通情达理、性格温顺、宽厚正直、和蔼善良。“以仁义服人，何人不服。”大凡仁者都特别有人缘，得人心、被人敬爱。

重忠义、讲仁义的人，自然是个有情有义的人。“无情未必真豪杰。”“人非草木，孰能无情。”“感人心者，莫先乎情。”有没有情义是做人有没有温度的“体温表”，冷漠无情或虚情假意的人没有真正的朋友，也不会有事业上的真正成功。情，乃发轫于心、流淌于血、维系于脉的一种具有生命力、感染力的东西。俗话说：“千里送鹅毛，礼轻情义重。”人与人有了情义，那是无价之宝，弥足珍贵。人贵在真性，真性是不虚、不私、不妄之情。守住一份真情、保持一份纯情，既难得又珍贵，是做人的本色。

九、大气、骨气、书卷气是顶天立地的“试金石”

欲成大器，得养大气。人应当涵养一种大气。大气之人，有一种纳百川、怀日月的气概，一种成熟宽厚、包容大方的气量，一种胸有成竹、从容淡定的气度，如大山一般深厚、似大海一样渊博。大气之人，往往举重若轻、收放自如，临危不惧、从容不迫，他们有“兵来将挡，水来土掩”的定力，有“宰相肚里能撑船”的胸怀，有“会当凌绝顶，一览众山小”的眼界。综观大气之人，大都志存高远、深谋远虑，站得高、看得远、想得深，踱着方步、仰望星空。他们有一种家国情怀、担当精神，是有大格局的人、顶天立地的人。然而，大气者并不一定位高权重，大气并非大人物的专利。不论职位高低、权力大小，即便小人物也可以说“大话”，即便独处一隅，也能以一隅而观世界。

大气靠养，一靠读万卷书。古人云：“三日不读书，则义理不交于胸中，对镜觉面目可憎，向人亦语言无味。”又曰：“一日不读书，胸臆无佳想；一月不读书，耳目失精爽。”正所谓“胸藏文墨虚若谷，腹有诗书气自华”，读万卷书晓天下事，自然大气了得。为官者更应如此，如果说“学而优则仕”的话，更应该“仕而优则学”，而且“仕而学”更优。二靠行万里路。见多识广，才可能视野开阔、气度非凡。这里所谓的“行万里路”，就是要在实践中经风雨、见世面，上大场面、挑大梁、干大事业，能够经历大事件的考验、经受大风浪的冲击、经得大场面的熏陶。三靠交八方友。“与善人居，如入芝兰之室，久而不闻其香，即与之化矣。”常与、久与、多与有鸿鹄之志的大手笔、大气魄、大视野之人交往，自然而然也就会“近朱者赤”了。

人生在世，应当也必须有骨气，骨气就是一种折不断、打不烂、压不垮、扭不弯的脊梁。有了骨气，人品有高度、人格有硬度，就有一种气势和气场，腐蚀近不了身、诱惑入不了心。有骨气的人，活得有尊严、有气质。做人的最佳状态不是一味低调，也不是一味张扬，而是不卑不亢。有骨气的人，从道不从上、跟理不跟风，有一种不畏权势的精神、不委于名利的品格、不慑于淫威的气节。人之骨气，源于无私无畏、无欲无求、无拘无束。有骨气的人，心中有大方向、大原则和大是非，肩上有使命、责任和担当，骨气乃人性中的大美。

人还得有书卷气，气质美如兰。纵观人生跌宕起伏，人到最后实质上拼的是气质而不是颜值，再美的容颜、再高的颜值，都会随着韶华的流逝而无情地衰退，而气质会伴随终生，甚至历久弥香。书卷气从哪来？一从读书中来，二从修身中来。

十、本真、本色、本分是安分守己的“始发地”

一个不知道来路的人，是没有出路的人。人生最大的彻悟，是明白了“怎么来”和“怎么去”，懂得了“我是谁？我从哪里来？我往哪里去？”只有在这样一次次的扪心自问中，才不至于迷失自我，才能于纷繁复杂、扑朔迷离的尘世中始终坚持前行的方向不变，坚守精神的家园不弃，坚信美好的初衷不改，换句话说，就是坚定本真不变、坚守本分不忘、坚持本色不改。

本真最实质的意义就是本性。本性是天生之性。“天之生圣人也，大抵以刚直葆其本真。”人走着走着特别是走上声名地位筑起的高台时，容易或多或少地走丢一部分真实的自己，这就需要慢下来、静下来回过头去看一看，梳理一下来龙去脉，寻找并做回那个真实、真正的自己，做真正的自己就是拥有本真。本真是自由、快乐、健康的“源头活水”。人是需要在人生路上不断地去追寻生命的本真，这样才会纯净质朴，生活得简单而幸福，才会涤荡内心过多的欲望。拥有本真，让自己在失意彷徨时看到阳光和希望，在飞黄腾达时不会得意忘形，在绚烂至极时保持内心的平静和平淡，在越走越远、越飞越高时仍能看到当初的自己。

人的身份职务可以变、地位名望可以变，但一定要知道做人的本色是什么，坚持本色不能变。古往今来，老祖宗留下来的、岁月积淀下来的，以及一代又一代传承下来的做人的本色有很多，诸如：谦虚谨慎、勤俭节约、勤劳朴实、与人为善、以和为贵，等等，浩如烟海。在这样那样的本色中，本分是最基本的本色。做人之本分，说白了就是安分守已。芸芸众生，不安分的灵魂很多，守不住自己的人不少。在名与利、权与色上，不是自己的不要，不该拿的不拿，便是做人的本分。“行于所当行，止于所不可不止”，这虽非易事，但得做到，做之便恪守住了做人的本分。做人还是本分点好，尽管本分老实可能会在一时一事上吃点亏，但终归会一生一世受益。

本真、本色、本分如山谷的清风、似山涧的清泉、像山巅上的野花，那么纯粹、纯净而纯朴，绽放着人性之美。

总之，只有用心做人、尽心做事、良心做官，真正让好人做好事、好事出好人，让做事的人做官、做官的人做事，那么，做人做事做官这道人生考卷就能得高分。

（原载《秘书工作》2016 年第 7 期）

做人做事做官『新十悟』

如何做人做事做官是“老生常谈”的话题，不断地悟，经常地想，则能“老话新说”“常说常新”。再飨“新十悟”，共勉之、同践之。

一、正知、正念、正行是克己守正的“正能量”

人生一世，能不能行稳致远，而且留下个好名声，说到底看他一生是不是走在正道、大道上，是不是走得正、行得端，是不是正直、正派。俗话说：站不端正的蜡烛，必然泪多命短。那么，怎样才能守住内心和骨子里的这份正，取决于言行举止有没有正知、正念和正行。

正知就是正确的认知，是对人和事物正确的看法和判断。一个人对事物认知的正确与否直接影响和决定着一个人行动的正确与否。大凡人生路上，行得稳、走得远和飞得高的，皆因对事物发展的特点及其规律有正确的认识，对人生发展的方向及其路径有正确的认识，看得清、悟得透、想得深。正确的认知源于知识和经验，源于实践和生活，源于正确的思想方法和思维方式，而这一切取决于正确的学习、思考和总结。

正念就是正确的理念和观念、感受和意识。一个人的想法最要命的是不切实际、脱离实际，或过高或过空或过大，于是好高骛远、异想天开，更有甚者内心的念想囿于一己之利，基于一己之私，动“歪点子”，想“坏办法”，出“馊主意”，卑琐而渺小，念想一歪身子必斜。正念就是心正，说到底是一种明白和智慧，在面对各种各样的利益选择时，明白对错，懂得取舍。《大学》中说：“物格而后知至，知至而后意诚，意诚而后心正，心正而后身修，身修而后家齐，家齐而后国治，国治而后天下平。”从中可以看出，正念来源于明白和智慧，而明白和智慧来源于不断地学习、思考和总结。

正行就是高尚的德行和品行、正确的行为和行动。正行是正知、正念和正见的结果，什么样的认知和念想会产生相应的德行。有人说，性格决定命运，德行决定人生。“君子以制数度，议德行。”“德行谓人才堪任之优劣。”德行也就是正行。自古以来，德行是人的“命根子”。

从大的方向来看，未来的社会是秉持正知正念正行者的天下，社会的真正危机，不是金融危机或本领危机，而是道德与信仰危机，谁的福报越多，谁的正能量越大，谁的成功率则越高。

二、公平、公正、公道是世道人心的“好声音”

天下之事其难也易，其易也难，关键在于是否公；天下之人其繁也简，其简也繁，关键在于能否公。

说到公，得先说公平。古往今来，多少人和事“不患寡而患不均”，因为不均而社会撕裂、人群分裂，及至“揭竿而起”、群起而攻。公莫过于公平合理、不偏不倚、不我不私。“天公平而无私，故美恶莫不覆；地公平而无私，故大小莫不载。”公平说易做难、知易行难，关键在于是不是、有没有“私”字作怪。公与私好比跷跷板的两头，公重则私轻，私重则公轻。有格局、情怀和境界的人，往往公私分明，而且把私看得轻，把公看得重，天平往公这一头倾斜，甚至公而忘私。只有那些没抱负、没头脑和没原则的人，才会公私不分，甚至假公济私。

如果说公平是对人对事的平等、一视同仁的话，那么公正则是一种“不偏私，正直”，它与正义、正当相关联。公正是一种价值判断，它依据一定的价值标准，而这个标准就是法律法规。三国时期，曹操有个“割发代首”的故事，说的是自己骑的马踏坏了一大片麦田，违反了自己立下的规定，于是要随行的官员给自己定罪，官员不敢，最后他自己割发代首。“公生明，廉生威。”曹操以自己的公正立了军规军纪，也树了自己的威信。公莫大于公正正直，不袒不护、不亲不疏。“故上者下之本也……上公正则下亦直矣。”

“公道人情两是非，人情公道最难为。”公莫难于公道正派，出以公心、大公无私，公道待人、公允接物，“如是，则庶事理，公道立，奸邪塞，私权废矣”。公莫过于公平、莫大于公正、莫难于公道，倘若都做到了，世道也就太平安宁了。

三、气场、气势、气度是凝心聚力的“大磁场”

气场是一个人散发出来的一种隐形力量，是对周围人施加或产生影响的一种作用力。气场是成功者的成功之术和成功之道。气场强的人能够掌控局面、驾驭局势，能够形成一个以我为主、随我而动的气势，能够像磁石一般吸引人、感召人和凝聚人。学会积聚自己的气场是真本事、硬功夫，也是一门大学问。人的气场从哪里来？一是从足够的自信中来。有自信的人未必有气场，但有气场的人必定很自信。一个连自己都不相信的人，凭什么让别人听他信他、跟他随他？自信者总能在人群中流光溢彩，获得他人的认同，赢得众人的欣赏。二是从足够的能力中来。气场强并不是比谁的嗓门大、调门高，更不是比谁会发脾气、敢耍横，似乎声色俱厉、口大气粗就是有气场。气场强的人，往往有过人的交流沟通力、灵动善融力和组织协调力。气场强的人，常常不怒而威、不言而慑。

气场强的人有一种气势，这种气势表现在气质上，往往一出场、一出现或一亮相便让人眼睛一亮、心头一热和精神一振；表现在气概上，往往镇得住场面、稳得住阵脚，能压倒一切困难而不被困难所压倒，征服一切险阻而不被险阻所征服。大事来临有静气，大场面上有定力，大难面前有主见，淡定从容、稳健厚重，特别是在关键时、紧要处能转危为安、化险为夷，有一种气吞山河、舍我其谁的英雄气概。一个整天疲疲沓沓、软弱无力，萎靡不振、无所用心，瞻前顾后、患得患失，优柔寡断、不敢担当的人是与气势无缘的。

气场强的人还往往表现出一种气度。气度是一种从容不迫的气派，一种雍容大度的气量。气度决定一个人的高度。俗话说：“将军额上能跑马，宰相肚里能撑船。”气度说到底是一种胸襟、胸怀，是一个人包容世界的能力和对人与事的态度。既得所当得，又舍所当舍，是明白人；既能赢得起，又能输得起，是大肚人。气度大的人遇麻烦事不埋怨、不指责，遇委屈事不抱怨、不灰心，遇吃亏事不斤斤计较、不随意发脾气。忍耐是他的性格，克制是他的修养。不随便与人争高下，不轻易与人论优劣，如大海一般容纳百川，似天空一样浩瀚无垠。人需要魅力，有气场、气势、气度的人便是一个有魅力的人。

四、慧眼、慧心、慧根是高人一筹的“硬功夫”

如果说人与人最大的差别是什么、在哪里的话，从一定意义上讲，聪明不聪明是最主要的。人的聪明劲儿从哪里来？当然从学习和实践中来，这是最基本的。离开了经常的、反复的、深入的学习和实践，即使一时聪明，也不可能永远聪明；即使开始聪明，也很难保证后面仍然聪明；即使在这件事上聪明，也很难说在其他事上也聪明。聪明的人总是用别人的智慧填补自己的大脑，愚蠢的人总是用别人的智慧干扰自己的情绪。不聪明时就去学习与实践，向书本学、向他人学、向实践学，在学习与实践中去总结、去提高、去升华，使自己变得越来越聪明。而能不能变聪明，这恐怕取决于一个人的慧眼、慧心和慧根的好坏多少了。

首先得练就一双慧眼。为什么有的人常常“有眼不识泰山”，或总是“不识庐山真面目”？为什么同样的事情，他看得到我却看不到？他能看到“三步”外的全局和长远，我只能看到“一步”内的局部和眼前？原因在于缺一双“一眼识破天机”的慧眼。伯乐之所以为伯乐，就在于伯乐独具慧眼，察人之所未察、识人之所未识，具有独到的眼力和眼光。慧眼不是人人都有的，但是可以学着去练就。要学会站在高高的、静静的和较远的地方去看，用联系的、发展的、历史的眼光去看，具备懂得看那海平面上的“桅杆”的本事。真正的聪明，是能够正确预见事情的结果。

慧眼来自有没有慧心，也就是有没有一颗聪慧的心思和心智。“器不假妙瞽而良，籥不因慧心而调。”俗话说：慧心未泯。人之可贵在于虽然经过岁月的洗练，但内心深处的良知、智慧并未消失。有人说，识人不是靠眼，而是靠心。有时眼力再好，也有看走眼的时候，要相信慧眼，但也不可迷信慧眼，有时还得靠慧心。

慧心是一种灵性，它源于人的慧根。通常情形下，那些爱静静沉思的人，往往善于透过现象看本质，一下子能抓住事物的要害和本质，这种洞察力、穿透力便是人的慧根。慧根像蜘蛛网，能粘住所有飞过的小昆虫。观察少量事物，能以小见大、推而广之，能触类旁通、由此及彼；观察大量事物，能从不同事物中发现共性的东西。慧根说到底就是一种很强的领悟力和感知力。慧眼、慧心、慧根三者皆备，则能高人一筹、鹤立鸡群。

五、知责、履责、尽责是有为有位的“驱动力”

干事情，责任是第一位的。干成事情，责任心是最关键的。为什么有的人做了一辈子事情，却始终做不了行家里手、成不了气候？为什么有的人表面看在干事情，却总给人不在状态的感觉，既无心又无力？为什么有的人事经他办不放心、文过他手不踏实，让人左右不信任？这其中除了能力的原因以外，责任缺位、责任心缺失是最主要的。责任在肩则心生自觉，责任在胸则变“要我做”为“我要做”。

责任能不能到位，首先得心里清楚责任是什么、在哪里，这叫知责明责，这是前提和条件。一个不清楚职责范围和边界的人，守责担责无从谈起。知责说到底就是一种角色意识。我是谁、从哪来？我是干什么的、能干什么、该干什么？只有知责方能履责担责。不知责就会轻飘飘，无所用心，直至无所作为。

人的价值是在担责履责中实现的。歌德曾经说：“尽力履行你的职责，那你就会立刻知道你的价值。”现实中，有的人往往找种种理由和借口不作为、慢作为，甚至乱作为、胡作为，结果自己的人生一钱不值。责任重于泰山。人在履责的过程中，也有一个真履假履、多履少履、全履半履的问题。现实中有的人出工不出力、坐诊不号脉、挂帅不出征、倒脚不射门，或者做一天和尚撞一天钟；有的人则把工作仅仅当作职业，甚至副业来看待，身在曹营心在汉，等等。这都是“半履”“少履”，甚至“假履”，是在“浅睡”“半睡”和“装睡”。竭尽全力去做工作，不偷懒、不分心、不打折，这才是尽责。只有真正视工作如事业、如生命的人，才会全心全意、全力以赴地履责尽责，这是一种境界、格局和担当。

成功的秘诀或许就在于：知道自己在做什么事；喜欢自己所做的事；相信自己所做的事。既有知责、履责、尽责之心，又有知责、履责、尽责之力，想干事、能干事和干成事也就水到渠成、顺理成章了。

六、共商、共建、共赢是谋篇布局的“百宝箱”

我们工作和生活在一个多元化的环境，多元的文化、多元的思想和多元的诉求使得工作难度大、矛盾多。“众人同心，其利断金。”勠力同心去做事，最重要的是寻找最大公约数，凝聚起共同的力量，凝聚这种力量的办法在哪里？首先得靠“有事商量着办”。“三个臭皮匠，赛过一个诸葛亮。”无论大事小事难事易事，只要多听意见，多坐在一起商量，总会找到解决问题的办法。可是，有的人遇事做决策习惯于一个人在那里拍脑袋，关起门来苦思冥想，甚至独断专行、刚愎自用、一意孤行，主见变成了主观，执着变成了固执，结果成了决策时拍脑袋、失策时拍大腿。俗话说，百密一疏。共商可以聚智，集思广益方可达成共识。

“众人拾柴火焰高。”在取得共识之后，就得靠撸起袖子一块加油干，这更是关键。一个人的本事再大、能力再强，少了他人的帮衬或团队、集体的合力，也同样寸步难行，一事无成。心往一处想、劲往一处使，便会创造出一加一大于二的效应。相互补台好戏一台，相互拆台共同垮台。一个好的团队应该是你落下我帮你捡起、我忘记你给我提醒，齐心协力、众志成城。

共建的动力从哪里来？从本质上来说，当然来自共同的理想、目标和价值追求。“道不同，不相为谋。”然而，有时共同的利益也能把人与人拴在一起、维系在一块，这就是共享、共荣和共赢。凡事不可“吃独食”，有利不可独吞、有福不可独享，否则会挫伤大家一起干事的积极性，就会失去人心。蛋糕做大了，应该是“见者有份”，有福同享、有利同沾，只有让大家都得到好处、看到希望，才奠定了大家一起干事的基础。

七、好读书、读好书、善读书是心明眼亮的“美容院”

“书籍是人类进步的阶梯。”“天地间第一人品，还是读书。”“积财千万，无过读书。”古往今来，多少读书的道理让人豁然开朗、醍醐灌顶，多少人一生与书为伴，在书海里泛舟，到书山上跋涉，从中增长知识、寻找真理、净化灵魂、陶冶性情、体味人生和感受乐趣，正所谓看的是书，读的却是世界。毛泽东曾说：“饭可以一日不吃，觉可以一日不睡，书不可以一日不读。”宋代黄庭坚说：“士大夫三日不读书，则义理不交于胸中，对镜觉面目可憎，向人亦语言无味。”对有的人来说，漂亮俊朗的容颜固然可以让人眼睛一亮，但是坚持读书，让自己有丰实的内涵，才能够让人经久不忘；对很多人来说，“人离开了书，如同离开空气一样不能生活”，读书应该是一种生活习惯和生存方式。

然而，读什么书，怎样读书？并非人人能深谙其中的门道，一些人似懂非懂、似是而非。有的人热衷于读死书、坏书、歪书和邪书，结果中毒中邪；有的人停留在死读书上，不会“跳”出书本来读，也不会把无字书与有字书搁在一起读，结果把书读死了，读出了一个脱离实际、不会活学活用“百无一用”的书呆子；还有的人习惯于乱读书、零敲碎打、支离破碎或无所用心地读，结果把书读浅了、读薄了，读出个“半桶水”，等等。

读书要读好书，“读过一本好书，像交了一个益友”，“不好的书也像不好的朋友一样，可能会把你戕害”。所以，“凡读无益之书，皆是玩物丧志”。简单地说，引导人追求真善美、成为好人，给人正能量、成为有用有益有价值的人的书就是好书。读好书，还得有好的方法。有哲人说：“世界上有许多好书，但这些书仅仅对那些会读它们的人才是好的。”于是，有的人倡导“不动笔墨不读书”；有的人鼓励“要掌握书，莫被书掌握；要为生而读，莫为读而生”；还有的人提出“读书要玩味”“读书要到底”；等等。读书是一门艺术。“书犹药也，善读之可以医愚。”若不能善读，不但不能“治愚”，反而有可能“致愚”。

“书中自有颜如玉，书中自有黄金屋。”把书读好、读活，好读书、读好书，也就读出了书卷气、书香味，它既是人生的“加油站”，又是生命的“美容院”。

八、专心、专注、专业是功业圆满的“绣花功”

天下之事作于细，这种细致得靠专心致志、心无旁骛的意志力，靠精益求精、一丝不苟的工匠精神，靠久久为功、滴水穿石的绣花功夫。

专心、专注取决于心静，取决于有没有耐得住寂寞、挡得住诱惑、坐得住冷板凳的心境。在心浮气躁、急功近利的当下，人们很容易“开小差”，成“花脚猫”，很难聚神、聚心和聚力，事事显得很焦虑，处处搞得很着急，总是猴子屁股坐不住，常常“打一枪换一个地方”，蜻蜓点水、浅尝辄止。比如，为官从政的“两年没提拔心里有想法，三年没挪动四处去活动”；经商做买卖的渴望一夜暴富，推崇“马无夜草不肥，人无横财不富”；做学问搞文化的期盼一举成名、一步登天，突然间名扬天下；等等，都是急不可待、争先恐后的表现。

曾几何时，专心做事的人被讥讽为傻帽和迂腐，专注于工作和事业的人被说成不懂“人挪活，树挪死”，专业能力强的人被看成素质单一、不够全面、不是复合型人才，等等。这完全是误解、误读和误区。专心、专注精神的缺失，导致很多人专业素养缺乏、专业精神缺位、专业技能缺损，没有“几把刷子”，只能“急拿现用”。很多事情要干好，还得靠“专业人士”“专家”，让专业的人干专业的事。始终专心留意脚下并且从不盲目仰望山巅的人，才能登上更高的山峰。练就“绣花功”，成“一口清”“活字典”“一把抓”，便能成为职场上的“香饽饽”。特别是，现实中有的人一生只干一件事，有的人干一行爱一行，靠的就是内心的执着、坚定和耐心，靠的就是精细、精准和精确的功夫，靠的就是专心、专注和专一的劲儿。专一不是一辈子只喜欢做一件事，而是喜欢做一件事的时候一心一意。无论多么不重要的一件事，只要乐在其中，都会获益无穷。简单的事重复做，你就是专家；重复的事用心做，你就是赢家。倘若一生只干一件事，早晚会干成这一领域、这一行业的专家或行家里手。

九、寡欲、寡染、寡言是洁身自好的“救生圈”

清初思想家颜元说：“寡欲以清心，寡染以清身，寡言以清口。”古人说：“欲是焚身火，不遏可燎原。”从某种意义上说，世上最可怕的东西恐怕是人的欲望，它就像一个大黑洞，也好比是粉碎机。欲望太多、太强、太大，会让人心烦意乱，使人扭曲变形、失身变节。人所有的烦恼和苦痛都是因为欲望太盛、不知足惹来的。生活本不苦，苦的是欲望太多；人心本无累，累的是诱惑太重。正所谓：“人苦不知足，既得陇，复望蜀。”“无欲则刚。”寡欲可以让人活得轻松、自在又有尊严，甚至还可以让人健康长寿，正所谓：“清心而寡欲，人之寿矣。”不要让心灵成为欲念深重的泥潭，而要让它成为清静自在的乐园。人生最好的状态是在散淡、平淡和清淡中去坚持和把握。寡欲心自清，“清心可以寡欲”。清心寡欲是一种境界，也是一种修炼。

“人以群分，君子当慎所择。”人的一生，交什么友和怎么交友很重要。“益者三友，损者三友。友直，友谅，友多闻，益矣；友便辟，友善柔，友便佞，损矣。”交友当择善人而交，与良善者同行。既与“善人”交，又还得“善交”。这种“善交”就是寡染。有时掉进染缸里并不可怕，可怕的是在染缸里感觉良好。“近朱者赤，近墨者黑。”寡染则能“蓬生麻中，不扶自直”，则能“不染色、不变色、无杂色”。“君子之交淡如水，小人之交甘若醴。”人与人相处不妨多些“无声的联系”，让静静的守望、稳稳的守护和默默的守候成为一种常态，简简单单、清清爽爽，规规矩矩、正正当当，明明白白、干干净净，让自己的朋友圈“如入兰室”，清香扑鼻。

孔子曰："君子欲讷于言而敏于行。"这里的"讷"是忍而少言。它告诉人们，话要慢慢说，要三思而后说，不要口无遮拦、信口开河，不然言多必失、祸从口出。口无遮拦并不能证明你直率，只能证明你修养不够。人长着一张嘴巴和两只耳朵，说明要多听少说。"吉人之辞寡，躁人之辞多。""沉默是金。"说的都是这些道理。有时宁愿保持沉默让人看起来你像个傻子，也千万不要一开口就证明确实如此。聪明的人有长的耳朵和短的舌头。寡言不是不发声，而是谨言、慎言、善言。一个人说话要注意说三种话，一是有思考的话；二是有分寸的话；三是有选择的话。生命中有三件事会一去不返，即：时间、机会和说出去的话。话如水，覆水难收。一句话在你没说出口之前，你是它的主人；一旦说出了口，它就是你的主人。喜时之言多失言，怒时之言多失态，喜与怒时更要谨言慎行。水深不语，人稳不言，当言则言，意到言止，言简意赅，才会让话语更有质量和水平。

十、慎初、慎独、慎终是洁身自好的"紧箍咒"

慎，乃小心，谨也。人在很多事情、问题和关口上，都得讲究谨慎，说话也好，办事也罢，不谨慎小心则容易出差错，大则容易出乱子。一个懂得“慎”的人，不一定是“完人”；但一个不懂得“慎”的人，则一定是一个“瑕人”。那么，在哪些事情和关口上需要慎之又慎呢？

首先是慎初。慎初，就是戒慎于事情发生之初，把住“第一次”，守住“第一道防线”，扼住苗头。唐代陆贽说：“夫小者大之渐，微者著之萌，故君子慎初，圣人存戒。”“第一次”既是缺口，也是关口，是人的一道心理防线，一旦被打开或被突破，便会一泻千里，之后会变得麻木和无所谓。俗话说，早知现在何必当初，可见“当初”对现在及将来的影响。“千里之堤，毁于蚁穴”，任何事物都是由小到大，由浅入深，由量变到质变的。初始往往是微小不起眼的，或是不足为奇、微不足道的，因此慎初往往意味着慎微。慎微，也就是小事不小视，小恶而不为，从细节入手，从小事做起，一顿饭、一瓶酒、一盒茶，貌似小节，却会“温水煮青蛙”，日积月累毁了大节。不虑于微，始贻大患；不防于小，终累大德。

慎独，就是一人独处时也能操行自守，谨慎自律，通俗点说就是人前人后一个样、台上台下一个样、人见人不见一个样。汉代杨震面对故人王密的贿赂和“暮夜无知者”的说法，慨然回绝说：“天知，地知，我知，子知，何谓无知者!”以慎独成为自律的典范。慎独检验一个人的修养，考验一个人的定力和意志力，慎独以存志，志高方长远，长远方成事。

《诗经》中说：“靡不有初，鲜克有终。”老子在《道德经》中也说：“民之从事，常于几成而败之。慎终如始，则无败事。”人往往在即将大功告成时失败，快要成功的时候往往是最危险的时候。人生“降落”“着陆”时，容易思想“抛锚”、心理麻痹、行为“跑偏”，结果倒在成功前的“一米线”上，栽在“最后一公里”处，落个到头来竹篮打水一场空、功败垂成的结局。人生就像驾驶飞机，飞多高不是关键，关键是落地时一定要稳当。从一定意义上讲，有时“善始”相对容易做到，而“善终”则较难，关键在于能否一以贯之、一如既往地坚持。

（原载《秘书工作》2017 年第 7 期）

做人做事做官『十忌』

做人做事做官有很多不可想不能想、不可为不能为、不可有不能有的“名利事”，倘若想之为之有之则事与愿违，而不想不为不有则愿遂事成。以下这“十忌”，是从一个个教训和一次次失败中汲取总结出来的，它像一块块警示牌，提醒着人生路上该怎么左转右拐，以规避风险、应对挑战和经受考验。

一、霸气、傲气、神气是折戟沉沙的“滑铁卢”

人应该大气但不可以霸气。霸气貌似大气，实则大相径庭。不少人以为霸气是王者风范，其实不然，霸气总的来说不是个好东西。霸气者行事张扬霸道、专横跋扈，霸气之人往往自以为是、刚愎自用，爱逞一时之强。“力拔山兮气盖世”的西楚霸王项羽，虽气宇轩昂，但霸气十足，终因霸气而“别姬”，兵败垓下，乌江自刎，让后人无不为之惋惜。人一旦霸气上身，便似“土皇帝”，搞“顺我者昌，逆我者亡”，霸气必定变得霸道。霸道者必“横行”，我行我素，唯我独尊，霸道倘若一再任性，势必说一不二，主宰或左右一切。凡霸道者皆伴有“狂妄症”“嚣张病”，动辄训斥人，似乎谁都得听他的，染上戾气、匪气、痞气，有时还有杀气。霸气绝不是豪气，绝不可把霸气等同于“敢说话”“敢亮剑”“敢决断”，霸气说白了是一种江湖气。霸气的人，会让人畏之惧之、远之厌之，最终落个众叛亲离、孤家寡人的结局。人沾霸气，难免“断气”。

人应该有傲骨但不可以有傲气。徐悲鸿说：“人不可有傲气，不可无傲骨。”傲气是一种盲目的自高自大，常常表现为盛气凌人、目空一切，往往自命不凡、目中无人，傲慢而狂放，“我命由我不由天，天欲灭我我灭天”。傲慢是傲气者的表情，轻视是傲气者的做派。当一个人沾染上了傲气就会飘飘然，就会很膨胀。傲气是人性中的小丑。傲气十足的人不懂得“山外有山、天外有天”，是缺少修养、涵养、教养的表现，不由得让人远离、心生厌恶。傲气的人，一般眼里只剩下自己而没有他人，因为看不起人而最终被人看不起，因为眼里没有人而最终被人遗忘，莎士比亚说：“一个骄傲的人，结果总是在骄傲里毁灭了自己。”谦和是傲气的镜子，低调是傲气的教员。没傲气的人，人格会有温度。

人可以得志但不可以得意。得意容易忘形，得意忘形便是一种神气，神气的人总是神灵活现，往往趾高气扬、不可一世，听不进批评和忠告，辨不清真假与是非。神气说到底就是一种骄傲，是一种忘乎所以、飘飘然的感觉。神气的人爱显摆、好嘚瑟，喜欢有意无意或者自觉不自觉地摆个阔、吹个牛。神气的人总是情不自禁、扬扬得意。

霸气、傲气、神气的人表现得高人一等、盛气凌人。“三气”在身往往是一个人失败的先兆。

二、自私、自负、自满是万里鹏程的“绊脚石”

人属于“自私动物”，自私是近似本能的一种欲望，是人的天性，应该说，这本身并不是一件十分可耻或者可怕的事。重要而可怕的是，一个人整天打的是自己的“小九九”“小算盘”，一切以自我为中心来考量取舍，只顾自家“一亩三分地”，只扫自家“门前雪”，有时甚至是斤斤计较、锱铢算计、吝啬贪婪，奉行“人不为己天诛地灭”。自私是一种坏习惯、坏毛病，自私的人让人厌恶，自私者没有真正的朋友。自私者会在一时一事上占到便宜，然而失去的却是长远；得到的是“蝇头小利”，失去的却是“大局大利”。生活的辩证法就是这样，不想占便宜的人，生活绝不会让他吃亏；而一味贪小便宜、占小便宜的人，迟早要吃大亏。苏洵说：“为一身谋则愚。”自私者是真正的愚蠢。

自私让人讨厌，自负让人生厌。自负就是过高地估计自己、高看自己，显得盲目无知。俗话说，“自知者明”“人贵有自知之明”，自负者最缺失的就是自知。固执和任性往往是自负者生硬、桀骜的面孔，习惯性地排斥他人、刚愎自用。自负的人是“睁眼瞎”“闭耳聋”，选择性地看、选择性地听、选择性地认知、选择性地判断。自负源于盲目，又带来更大的盲目；自负源于故步自封，又造成更大的故步自封。自负往往与机会擦肩而过，与成功失之交臂，自负乃成功的止步。也正如美国作家、诗人爱默生所说：“自信是英雄的本质，自负是愚人的特征。”

自满和自负是孪生兄弟，本质上都是一种对自己的盲目认知、错误认知，是轻别人而重自己的思维和心理，是自以为是的“两张面孔”和“两副表情”。“一瓶子不满半瓶子咣当”，自负和自满的人都这个德行。“九牛一毫莫自夸，骄傲自满必翻车。”自负自满是求知的“拦路虎”，是做人的“违禁品”，是一个人裹足不前、止步于成功的开始。

人人皆有短处，人人也都有长处。短处不可遮掩，遮掩了便永远是短处；长处不可夸大，夸大了便不再是长处。自负、自满的人永远遮掩自己的短处，而永远夸大自己的长处。于是，他们永远生活在自己的“小圈子”里原地踏步、止步不前。不自私者多得，不自负者博闻，不自满者丰盈，而自私、自负、自满是万里鹏程的“绊脚石”。

三、虚荣、虚伪、虚假是进步前行的“障碍物”

爱面子，人皆有之。然而，过之则变成爱慕虚荣。虚荣是指贪图表面上的光鲜光彩，一味给自己脸上“贴金”，它是一种幻觉，追求的是表面上的荣耀，是自尊心的放大和扭曲。虚荣是一种性格缺陷。

虚荣的人爱“吹牛”，会“装样子”，买房子不是为了住，而是为了给人看；买车不是为了出行方便，而是为了炫耀自己的地位、身份和财富，于是“打肿脸充胖子”，等等。莎士比亚说：“爱好虚荣的人，用一件富丽的外衣遮掩着一件丑陋的内衣。”爱慕虚荣是言行走形变样、扭曲变形的祸根，爱慕虚荣的人往往企图通过快捷的方式获取自己想要的东西，有时甚至不择手段。古希腊寓言家伊索说：“虚荣是灾祸的根源。”虚荣是一种面具，很多恶行都因虚荣而生，又为满足虚荣而为。爱慕虚荣小则道德沦丧，大则走向犯罪的深渊，虚荣的浊流一旦挣脱掉理智的约束，便会一泻千里，变得无耻和贪婪。摘下人前虚荣的面具，人会过得轻松、活得真实。

虚荣孵化出人的虚伪。虚荣的人必定会有一些虚伪的表现和虚假的言行，虚假浮于表面，而虚伪则刻入内心。《庄子·盗跖》中云：“子之道狂狂汲汲，诈巧虚伪事也，非可以全真也，奚足论哉?”虚伪的人，表面一套背后一套，他们总是装着好人的样子，却干着坏人的勾当。虚伪说白了就是一种伪装，它特别善于表演。人可以表现但不可以表演，演技再好终归都会露馅，更别说演技差的人，则会出丑。虚伪的人，其实掩饰的是一颗卑琐的心灵，因为如果他足够优秀，就不必肆意地卖弄或作秀，除非他完全是徒有虚名。

如果说，伪装还有一层“装”的“遮羞布”的话，那么虚假则是一种赤裸裸的暴露了。虚假的人让人一看就明白。《墨子·修身》中说：“贫则见廉，富则见义，生则见爱，死则见哀，四行者不可虚假，反之身者也。”贫富生死最能看出一个人的真与假。假的真不了，真的假不了，“皇帝的新装”绝不会因为众多官员的“愚昧”而掩盖一位儿童说“他什么也没穿啊”的真实。虚荣、虚伪、虚假都是活在不真实的世界里，共同特点是说假话、办假事、戴假面具。戴假发总会被风揭穿，说假话总会被人揭穿。“时穷节乃见”“板荡识诚臣”，假的就是假的，它最经不起时间的检验，最经不住危难的考验。

虚荣、虚伪、虚假的人或许可以一时走得快，但绝对走不远，它是一个人进步前行的“障碍物”。被人揭下面具是一种失败，而自己不敢揭下面具则是一种彻底的失败。

四、浮躁、急躁、暴躁是功败垂成的“加速器”

当下社会，最容易犯的毛病是躁，缺乏平和之心、平静之状、平淡之态，“慢一点、静一点”成了一种稀缺。当看到人家成功或者提拔重用时，“羡慕嫉妒恨”之外，焦躁不安、心神不定；当自己遭遇到一些不顺、不公或不利时，沉不住气、静不下心，耐不住寂寞、挡不住诱惑、坐不住冷板凳，“猴子屁股坐不住”。急功近利、急于求成者有之；贪图虚名、贪大求全者有之；见异思迁、心猿意马者有之；浅尝辄止、蜻蜓点水者有之；等等。很多时候，不缺心中添把火，但缺心中洒点水；不缺干劲，但缺韧劲；不缺激情，但缺沉稳。时下，慢不下、坐不住、静不了，成了不少人的通病，大家似乎都在“赶路”，都显得那么“急匆匆”，这种现象的背后折射出的是浮躁、急躁、暴躁。

就浮躁而言，有的人总是这山望着那山高，习惯于“抄近道”“走捷径”；就急躁而言，有的人抱着“等不得”的心理，不思考、不准备便行动；就暴躁而言，有的人一不顺心就发怒，一言不合就争吵谩骂，甚至大打出手，干出一些出格的事，捅出一些麻烦的娄子，等等。现实中，人们似乎都不愿意排队、等不了红灯、离不开手机，更受不了委屈、沉不下身子、坐不住冷板凳。其实，喧嚣和浮躁的从来都不是城市，而是我们的生活和我们的心。

浅水喧哗，深水静流，欲成大事得学会沉稳，遇临大事得有静气，不要匆匆忙忙，而要从从容容。急躁、暴躁缺失的是理性、理智和沉静、沉稳，带来的是一时冲动，造成一世追悔。很多事情就因为没有“控制住自己”“把握好自己”而酿成不可收拾的结果，或前功尽弃，倒在了成功前的“一米线”上。

五、斗气、赌气、撒气是英雄气短的“催化剂”

人要学会争气而不斗气、消气而不赌气、鼓气而不泄气。你争我斗，伤的不仅是面子，还有里子，相互拆台往往两败俱伤、共同垮台。人可以红脸但不可以翻脸，斗气迟早会翻脸。有的人遇事动辄赌气、撒气、怄气，或拿人出气，或拿事说人，喜欢说气话、爱抱怨、发脾气；有的人极尽讽刺挖苦之能事，指桑骂槐、贬损他人，逞口舌之快，伤人面子又伤人里子；有的人爱“顶”在那里“掰手腕”，互不相让，非得争高低、论输赢、决强弱；有的人只图自己一时痛快，“撂挑子”“卸担子”，等等。

斗气、赌气、撒气，说白了都是在发泄内心郁积的一种不满、不平的情绪。俗话说："佛争一炷香，人争一口气。"从一定意义上讲，人活着就是为了争一口气，这很自然也很正常。但是，如果说，不敢发脾气是一种懦弱的话，那么把脾气压下去则是一种修养。"千里家书只为墙，让他三尺又何妨！万里长城今犹在，不见当年秦始皇。"赌气、撒气、怄气，或许能解一时心头之气，可实际上非但解决不了问题，反而伤身又伤心，伤人又伤己。口舌上的英雄，永远只是在口舌上。眼下，一些人"路怒"开斗气车，也常常因一时之怒而酿成大祸，教训惨重。有时发脾气的那一刻，也许就成了命运转折的那一瞬。世间只有回不去的，没有过不去的，忍一忍就过去了，让一让就没事了。内心的气发出来可能会一时痛快，但带来的也许是对自己或许还包括对他人深深的伤害。人与人、人与事可以较真，但千万别较劲。

斗气是在较劲、"掰手腕"，斗气好比蜜蜂蜇人，"把整个生命拼在对人的一刺之中"，得不偿失。赌气有时"堵"的恰恰是自己的路，撒气倒霉的恰恰是自己。斗气、赌气、撒气说到底都是在生气，生气消耗力气甚至元气，没有价值的生气就是对生命的一种浪费。

六、放肆、放纵、放任是身败名裂的“致命伤”

言语放肆、行为放纵、性子放任是不检点、无约束的表现。不顾场合、不管对象、不分皂白，想说什么就说什么、想怎么说就怎么说、想去哪儿就去哪儿、想干什么就干什么，随心所欲、为所欲为，这迟早要出事。

放肆者大都胆大妄为、轻率任意、毫无顾忌。人必须有所顾忌，没了顾忌也就乱了套、坏了规矩。《新唐书·李绛传》说：“治生于忧危，乱生于放肆。”放肆的人喜欢指手画脚，放肆总是与无礼牵手。现实中，雷人雷语频现，因言惹祸者不少，甚至因此掉入陷阱、落入“圈套”、惨遭“秒杀”，导致身败名裂。人可以指点但不可以指指点点，指指点点就是一种无礼和放肆。

当一个人言语放肆得不到控制时，离行为放纵也就不远了。放纵是一种堕落，是不计后果的自我放弃。“傲不可长，能不可纵，志不可满，乐不可极”，人的很多错误、悲剧都是从放纵开始的，行为一旦放纵就如同脱缰的野马，一发而不可收。人在两种情形下最容易放纵，一种是得意时，所谓得意忘形，放纵自己；一种是绝望时、落难中，因为忍受不了、坚持不住，而放弃自己，所谓“破罐子破摔”。人要有敬畏，懂得珍惜，不可放纵，放纵是危险的人生游戏，必定会付出代价。

放肆也好，放纵也罢，皆因思想放任。人的思想是道闸门，不可开闸放任自流。人活着不是件轻松随便的事，总得有根弦时常绷着，别以为我只想过得轻松，不想太累，于是绷着的弦让它彻底松弛下来，思想的弦一旦松了人也就垮了。人生最大的懒惰在于放任。任性，就是性子放任，完全由着自己的性子来，任性的人迟早要为身败名裂“埋单”。

人的身段可以放下但不可以放肆，身体可以放松但不可以放纵，思想可以放飞但不可以放任。

七、无数、无事、无牌是庸碌无为的“安眠药”

心中无数、脑中无事、手里无牌，这样的人即便是有想干事的美好愿望，也终归干不好事、干不成事。

心中无数就是对情况了解不清楚，心里没有底，往往一问三不知。有的人总是显得很漂浮、不踏实，习惯于唱“虚功”、冒“虚火”、出“虚汗”、使“虚招”，对很多事情和问题满足于“也许”“大概”“好像”“仿佛”“差不多”等，不管“到底”“究竟”和“实质”，只求“过得去”、不求“过得硬”，只管“差不多”、不管“差多少”，只图“了”、不图“好”。特别可怕的是，他们对实际情况不作深入的调查研究、不作科学的分析研判，却心无主意点子多、情况不明决心大，习惯于凭经验办事、想当然做事，拍脑袋拍胸脯，结果胡乱决策、瞎折腾，工作盲目蛮干。

脑中无事的人，脑袋不装正事、公事，而是装着歪事、私事，不把心思和精力放在工作上，而是“做一天和尚撞一天钟”，眼里不见活儿，整天不想事、不记事，像个“稻草人”“空心菜”，空空洞洞地成了“思想懒汉”。身体贪睡耽误一时，思想贪睡耽误一世。头脑像把降落伞，只有在打开时才会起作用，脑中无事的人，脑袋是关闭的。

手里无牌的人，表现在实际工作中有想法却没办法，有思路却找不到出路，特别是面对矛盾、问题和困难时没招没术、捉襟见肘，不知如何下手、怎样出手，干着急。手里无牌的人，说到底就是能力不够、本事不大，他们往往有的不善于学习和实践，不注重积累和储备，满足于“吃老本”，不注意长本事，手里只剩下一点点土办法、老办法和笨办法，只好经常拆东墙补西墙，或者头痛医头、脚痛医脚。无牌可出的结果是心有余而力不足，陷入“能力不强被急死，办法不多被愁死、水平不高被骂死”的尴尬和窘境。

“三无”牌产品的人，既是事业心、责任感的缺失，又是精神不佳、作风不实的表现，更是能力不足、本领不强的反映，在现实工作、学习和生活中难免会闹出很多笑话，而且最终会因为“没用”或“没价值”而被“边缘化”、被淘汰、靠边站。

八、媚俗、世俗、庸俗是自甘堕落的“迷魂汤”

有一种丑陋叫媚俗，讨好取悦是它的表情，阿谀迎合是它的语言，迁就巴结是它的笑脸。媚俗，说白了就是拍马屁，是尊严的一种迷失和沉沦。人可以随俗但不可以媚俗，要去追波逐浪而不是随波逐流，可以示好但绝不一味地讨好取悦，懂得尊重但绝不一味地迎合迁就。人当然不是生活在真空里，都难以免俗，但媚俗却出了格、变了味、走了样。齐白石说：“作画妙在似与不似之间，太似为媚俗，不似为欺世。”艺术生活如此，现实生活亦然。现实中，太“合群”为媚俗，太不“合群”为自闭，一味讨好取悦、巴结迎合也就迷失了自己，当“不诘曲以媚俗，不偃蹇而凌尊”。

世俗是残留在人身上的一些不良习气，贪财、势利、见利忘义等，都是世俗的表现。在世俗社会里，虽不可能超然脱俗，却不可沾染世俗低俗，要知世故而不谙世俗。保持一份清高、一份矜持，这或许是屏蔽风险，防止被“拉下水”、被人“围猎”的一道“防火墙”。

深入浅出乃通俗，而浅入浅出乃庸俗，人应当通俗而不庸俗。庸俗表现为思想上的庸俗和言行上的庸俗，思想庸俗是根源，是言行庸俗的“出发地”。什么是庸俗？追求、迎合并享受低级趣味者乃庸俗。庸俗的人，粗俗、低俗。古人云：“庸俗之夫，暗于别物，不分朱紫，不辨菽麦。”今人云：“庸俗是一种假风雅、赝美，有如混珠的鱼目；但它比鱼目更坏。”俗语说，俗不可耐。人们对庸俗之人大都鄙视、厌恶和疏离，正所谓“房王官喜宾客，好谈论，多引拔知名之士，而轻鄙庸俗，人多怨之”。于是乎，庸俗“且常人之所爱，乃上士之所憎；庸俗之所贵，乃至人之所贱也”。爱因斯坦曾经说过：“人们所努力追求的庸俗的目标——财产、虚荣、奢侈的生活，我总觉得都是可鄙的。”所以，“为自己寻求庸俗乏味的生活的人，才是真正可怜而渺小的”。

滚滚红尘，怎一个“俗”字了得。媚俗、世俗、庸俗让人卑微而不堪。

九、门客、门臣、门附是为官从政的“绞索架”

门客、门宦、门附是什么？就是封建人身依附那一套，谁是谁提拔的，谁是谁的人，谁是谁的主子，谁是谁的嫡系，等等。

门客作为官僚家中豢养的帮闲或帮忙的人，最早出现于养客之风盛行的春秋时期，它既是官僚贵族地位、身份和财富的一种象征，又是那些有鸡鸣狗盗等一技之长“食客”们讨好、争宠主子的一种人生选择。门客的人生目标是求富贵、图尊荣，实现的路径便是通过依附某个主子，把自身“工具化”，构成豢养与被豢养的主仆关系。到了晋、南北朝时，那些依附于豪门世族的人又称为门附，《南齐书·刘怀珍传》中称：“怀珍，北州旧姓，门附殷积。”门客、门臣、门附好比“毛”，附之于某张“皮”上，他们甘做“家臣”“走卒”“伙计”和“马仔”。

门客、门宦、门附是封建糟粕。“主子”得势时是“看门狗”和“哈巴狗”，狗仗人势、得意忘形；而“主子”失势时则成了“落水狗”，遭人嫌弃、被人追打。门客、门宦、门附是可怜的，也是可悲的。他们得看“主子”的眼色说话办事，极尽投机钻营之能事，阿谀奉承、低三下四，唯唯诺诺、奴颜婢膝，花言巧语、溜须拍马，像牵牛花一样，依附高枝攀爬，挺不起自己的身躯，它得仰人鼻息而行事，寄人篱下而苟且，丧失气节，放弃做人的尊严。

为官从政，“决不能搞门客、门宦、门附那一套，搞这种东西总有一天会出事”！这既是历史教训，又是现实告诫。

十、不知足、不知耻、不知畏是败走麦城的“通行证”

“祸莫大于不知足；咎莫大于欲得。”要想做生活的主人，就不能做欲望的奴仆。人的欲望就像是跑步机，不管你如何努力，它都不会带你前行。做官要知足，“官帽”总是有限的，总会有个“头”。如果不知足就会把当官看得过重，会沉湎于当官路线图的设计，会为每一次的升降去留而千方百计、千辛万苦，为每一次的不如意不如愿而焦虑、抓狂、耿耿于怀，甚至无法释怀、失落失衡。从现实看，这种失落感的抬头往往是人生观、价值观蜕变滑落的开始。有的人就是因为一次选举落选、一次安排落空便所谓的看穿、看破和看透，背弃初心、背叛初衷，开始放弃原有的人生追求，有的转而搞迷信、求神拜佛，或转向贪图享乐、纸醉金迷，变得贪婪腐化、破罐破摔。

为官要懂得知足，经常思前想后，学会横比纵比、学会算账。有的人就是不知道怎么比，总是和那些自以为各方面条件不如自己却比自己进步快的、运气好的、职位高的比，结果越比越泄气，越比越感到不服气；还有的人就是不知道怎么算账，只算自己的付出而不算自己的获得、只算自己的奉献而不算自己的索取、只算自己的苦劳辛劳疲劳而不算自己的功劳，甚至只算小账而不算大账、只算眼前账而不算长远账、只算过去账不算未来账、只算成本账而不算成长账，等等，结果在这般不合理的比较和算账中，心理发生倾斜，变得更加不知足。

人可以无知但不能无耻。无知不可怕，只要加强学习，就会从无知到“有知”；可怕的是无耻，更可怕的是还不知耻。古人说：“知耻而后勇。”然而，有的人却不知耻。有的以丑为美、以恶为好；有的是非颠倒、好坏不分；有的甚至认贼为父，跟那些歪门邪道的人沆瀣一气、同流合污。如果人无耻还不知耻的话，就什么事都有可能干得出来。

人要懂得害怕，知道敬畏，敬畏百姓、敬畏法律、敬畏组织、敬畏舆论、敬畏人生。然而，一些人胆大妄为，抱着各种各样的侥幸心理踩边界、打擦边球，以为只是“天知地知，你知我知”。殊不知“万事劝人休瞒昧，举头三尺有神明”。敬畏敬畏，关键在敬。不敬的畏是假畏，不是发自内心的畏，“畏而不敬”真不了、长不了。敬畏敬畏，重要在畏。只敬不畏充其量只是半个敬，畏是名副其实的敬。对于百姓、法律、组织、舆论以及自己的人生，要始终如履薄冰、如临深渊，有了忐忑之心、感念之情、惧怕之意就不会胡乱来，否则就会跌落到事业的冰窖、人生的深渊。

（原载《秘书工作》2015 年第 6 期）

做人做事做官『又十忌』

做人做事做官要做好“加减乘除”。正的方面要多做加法、乘法，负的方面要多做减法、除法，这样的人生才盈亏有数，才有胜算。“忌”，就好比人生路上的一个个陷阱，掉下去就爬不上来。再续“十忌”，慎之戒之。

一、盲目、盲从、盲干是事倍功半的“墓志铭”

盲目是一种无目的、无头脑、没有方向、看不清目标的言行，盲目的人往往心中无数、眼中无路，有时都不知道自己在想什么、说什么、做什么。最大的盲目是思想上的盲目，由此带来行为上的盲目。盲目的人脑子糊涂而不清醒，言行冲动而不冷静，有时甚至疯狂而不理智。当一个人盲目的时候，智商和情商都特别低，总是跟无知睡在一起而不知道醒。盲目造成无知，无知带来盲目，正所谓盲目无知。很多时候人可以不要盲目反对，但任何时候都要反对盲目。

盲目者容易跟风，跟风就是盲从。盲从是看见别人做什么，自己也跟着去做什么。盲从者没有主见、缺少主心骨，常常对事物不加辨别、不加批判、不加思考、不加分析，而随波逐流、人云亦云，“跟着感觉走”是盲从者的口号。活鱼追波逐浪，死鱼随波逐流。盲从常常在面对权威或偶像时发生，是从众心理开出的一朵奇葩，最终会结出人生苦涩之果。盲从的人，自己只是一具躯壳、一副皮囊。东施效颦是因为盲从，结果闹出笑话；而燕国寿陵人邯郸学步，也是因为盲从，铸成错误人生，等等。盲从的人不敢提“不同意见”，不会去“独立思考”，所以，“要想成为真正的人，必须先是个不盲从的人”。盲从者有时容易被贴上“听话”“服从”的标签，甚至留下守规、懂事的好印象，被认为是尊重上级、听从指挥，然而，其实“盲目地表面上完全无异议地执行上级的指示，这不是真正在执行上级的指示，这是反对上级指示或者对上级指示怠工的最妙办法”。

盲干则是做事没有章法、不讲道理，盲干的人经常使的是蛮劲，走的是“偏锋”，甚至逆潮流而动、背规律而行。盲干，说到底不讲究方法，不注重科学，不可为而为之、不能为而为之，不顾主客观条件去做，是一种瞎折腾。

盲目、盲从、盲干的人，“拍脑袋”是他们的习惯，“拍胸脯”是他们的爱好，“拍屁股”是他们的伎俩。盲目的人必定盲从、盲干，最终因为“盲”而“瞎忙”，落个事倍功半甚至一事无成的结局。

二、势利、功利、近利是鼠目寸光的“自画像”

“贫居闹市无人问，富在深山有远亲”“有财有势即相识，无财无势同路人”“豪门有利人争去，陋巷无权客不来”，等等，这些都是势利者的真实写照。对有钱有财、有权有势者百般趋奉、卑躬屈膝，反之则轻视疏离，乃势利者的通病。势利者只敬衣衫不敬人，说话办事总是“看人下菜碟”。势利者，小人也。势利小人没有是非原则，只有一己私利，为了得利可以不顾廉耻、不讲信用，在势利眼那里“有奶便是娘”。势利者，古今中外不乏其人，这种人可能会得势于一时，但绝不会得势于一世；可能会得一点好处、占点小便宜，但绝不会得大利，而且下场往往可悲可怜、可叹可惜。势利源于功利心太重，做什么事都把自己的利益、好处算计得很清楚，而且直奔着好处去。

功利者，实用主义也。俗话说：“无事不登三宝殿。”那种无事不上门，有事便把门来登的人就是典型的实用主义。《庄子・天地》中说：“功利机巧，必忘夫人之心。”一个把自己的功名利禄看得太重、举得太高、想得太多的人，势必会急功近利。

“利不可近，近利则商贾心。”近利，就是近眼前的一点蝇头小利，这样的人很短视，鼠目寸光、急于求成，做学问的会坐不住、做买卖的会忍不住、做官的会憋不住，会变得心浮气躁、追名逐利，甚至会不择手段、不顾廉耻，没有底线、没有节操。

“天下熙熙，皆为利来；天下攘攘，皆为利往。”势利、功利、近利皆因一个“利”。“利”可以有、可以讲，但切不可在“利”的陷阱里出不来，“利”一旦太重、太大，则会利欲熏心、利令智昏，干出很多傻事、蠢事来。重利品不高。《围炉夜话》中说，“人品之不高，总为一利字看不破”。淡泊名利方能致远，也才能成大器；反之，则鼠目寸光、为利所困。

三、虚话、虚功、虚招是自欺欺人的“假把式”

做人做事最怕虚、最忌虚。说虚话、出虚招、做虚功，既误事又坑人还害己。

虚话未必是假话，但它是超出事实本身的话，是说得出却做不到的话，即通常所说的“言过其实”的话。虚话就是空话，听之不知其所云，闻之不知其所言，漫无边际、空洞无物；虚话就是大话，俗话说“吹牛皮”，睁眼说瞎话、闭眼瞎说话，瞒天过海。虚话就是套话，无的放矢、人云亦云，话语皆为格式化、模式化。鲁迅先生笔下的“今天天气……哈哈哈”，就是典型的说虚话。顾左右而言他，避实就虚、去里言表，尽是忽悠人的表现。

说虚话的人，出的招、做的事都不靠谱，带着水分、不实在，是玩虚的。“千招万招，不落实都是虚招”“这样子那样子，不见效都是做样子”，做样子就是做虚功。出虚招、做虚功，说到底或能力有缺陷，或作风有缺损，都是做人做事不实的表现。可怕的是，做人做事倘若沉醉于这种虚话、虚招和虚功之中，并且窃取因此而带来的一时半会儿的“红利”，则难以自拔、不愿醒来，这样的人最终生活在一种虚幻里，落个鸡飞蛋打、竹篮打水一场空的人生结局。做人做事，应当大事不虚，小事不拘。

虚话、虚招、虚功，冒的是虚汗，出的是虚火，都是虚晃一枪白费劲，是“花架式”，无济于事、自欺欺人。

四、心急、心黑、心狠是半途而废的“点火器”

凡事别太急，很多时候，等一等就顺畅了，让一让就过去了，忍一忍就没事了，缓一缓就明白了。而所有的急都源于心急，心急是焦虑的表现。倘若一个人，大其心，容天下之物；虚其心，爱天下之善；平其心，论天下之事；定其心，应天下之变，则会心平气和。

有人说，人的一生分前半生和后半生，前半生走上坡路，比的是快；后半生走下坡路，比的是慢。因为比快，所以干什么都急，工作、学习和生活中都是急匆匆的影子，急着出名、急着赚大钱、急着升官，等等，都似乎在人生的跑道上“抢跑”。因为急着出名，可以不顾廉耻去搞五花八门的“抢镜”“出位”，有的人为了出名，都急疯了，只要能上“热搜”，不惜把自己搞臭，然后再抹一遍红花油遮臭；因为急着赚大钱，可以不顾操守去坑蒙拐骗，无所不用其极；因为急着升官，可以不顾底线跑官、要官、买官，等等。干什么都急不可待，慢不下、沉不住、静不了，时时处处显得很焦虑，焦虑成了眼下不少人的通病。人，一急就忙，一忙就慌，一慌就乱。忙乱、慌乱都是心急惹出来的。成功没有电梯直达，只能拾级而上，一步一个脚印。

心太急还会导致心理变形走样，为了尽早达到目的变得不择手段，甚至变得心黑心狠起来。“人心不足蛇吞象”的俗语告诉我们，人不可欲望太强、贪心太重，否则结局悲惨。心大的人会变得心黑，在心黑的人眼里世界是黑的，于是人不为己天诛地灭，心肠开始变坏，甚至会变得无耻。《厚黑学》中鼓吹要想成大事必须“脸厚心黑”，鼓噪只有完全做到脸厚心黑的人，才能到达权力和欲望的顶峰。这是绝对的误导和陷阱。

古往今来，心黑必定心狠，心狠必定手辣，这样的人在关键的时候会下狠手，他们大多自私冷漠，为了一己私利可以置亲情、友情、爱情乃至人性于不顾，他们与善良绝缘、与仁厚相悖。心黑心狠的人或许能干成一两件所谓的“大事”，但最终会把事情弄砸，落个众叛亲离、遭人唾弃的下场。

五、松懈、松垮、松劲是我行我素的“麻醉剂”

“歇一歇、喘口气、乘乘凉”，这是松懈者的口头禅。松懈多半是思想和心理、精神和情绪都有所懈怠，表现出注意力不集中、意志力不坚定。松懈首先是从思想开始的。思想松懈是一种思想上的滑坡和疲劳症，也是思想“被按摩”的结果。人在什么情况下最容易思想松懈？一是在安逸中最容易松懈。安逸让人舒服，无所事事则无所用心，不愁吃不愁穿则不思进取，所谓“温水煮青蛙”，在不知不觉中自我松绑。二是在“围捧”中最容易松懈。英国诗人布莱克有句名言：“诅咒使人振奋，赞誉使人松懈。”一个人总是生活在恭维、赞美声中，生活在掌声和鲜花里，会很容易骄傲自满，飘飘然、昏昏然，在不知不觉中放松自我。三是在“终点”时最容易松懈。数学家华罗庚说：“树老怕空，人老怕松。戒空戒松，从严以终。”船到码头车到站时，人最容易有所谓“想通了”“悟透了”的念头而思想抛锚，开始降低自我标准和要求，变得“无所谓”起来，而“无所谓”正是“无所畏”的开头，也是“无所为”的源头。

思想上松一寸，行动上就会散一尺。当一个人思想松懈之后，就会作风松散、行为松垮、做事松劲。懒散疲沓、松松垮垮。人可以适当适时松弛一下，那叫张弛有度，但松弛绝不可以松垮。人放松一下也是必要的，但放松绝不可以松劲，如果任凭惰性在身子里滋长，那么一旦自由散漫惯了身子就会瘫痪，会让人沉溺和沉沦，头脑中缺一根弦、身子上缺一股劲，再想提起劲来也就难了。人是需要一种精神和一股气的，逆水行舟不进则退，一丝松懈和退却则会一泻千里。

真正能拖住人后腿的不是身体的疲倦，而是精神的懈怠；真正能让自己垮下来的不是身体的疼痛，而是思想和心灵上的“绝症”。松懈、松垮、松劲正是一种精神上的懈怠和心灵上的“绝症”。

六、圆滑、油滑、狡猾是待人接物的“假面具”

说人不关痛痒、论事不知所云、道物不置可否，此乃圆滑、油滑、狡猾的现实写照。

圆滑者说人时，既似乎说其好，又似乎说其不好；论事时，既似乎说可以，又似乎说不可以；道物时，既似乎是方的，又似乎是圆的。总而言之，似乎什么都说了，又似乎什么都没说。说者很难找到明显破绽和纰漏，听者往往不知所云，或不知所措。圆滑是一种典型的世故。这种人在官场叫“官油子”，在社会被称为“老油条”。人之圆滑，堪称是人的一种本能，倘若以圆滑而达自我保护之效且无害他人之果，似乎也在情理之中、无可厚非。然而，不少人视圆滑为中庸，觉得是一种智慧，甚至奉圆滑为圭臬，还美其名曰“外圆内方”，结果成了左右逢源的骑墙派、风吹两边倒的墙头草，而且不以为耻、反以为荣，不以为戒、反以为乐。这就颠倒了是非、混淆了对错、弄坏了风气。人可以圆润而不可以圆滑，圆润是人际关系的润滑剂，给人以温暖，而圆滑说到底是一种虚伪。

圆滑与油滑是孪生兄弟，圆滑的人大都油嘴滑舌，特别善于耍嘴皮子，显得油腔滑调、不踏实；油滑不是幽默，而是不正经、小混混，它嘴上抹蜜、身上抹油，给人轻浮之感，让人反感。

狡猾则更进一步，是圆滑、油滑的极致表现，它诡计多端不可信，阴险奸诈不可交。狡猾之人大多是小人。宋代秦观《任臣策下》说：“后世狂夫小子狡猾不道之人，或假其名以资盗，窃其器以售奸。”狡猾如狐狸，所有的手法就在于千方百计藏住自己的尾巴而不让人看见和发现。

做人切莫圆滑、油滑、狡猾，自以为聪明却误了卿卿性命，自以为左右逢源却左右不是人，最终落个“聪明反被聪明误”。做人别太装，早晚要穿帮；做人别太滑，迟早要挨砸。圆滑、油滑、狡猾最终会“滑倒”在人生路上。

七、耍赖、抵赖、无赖是道貌岸然的“马赛克”

赖者，不认账、不认责、不认过也。依程度轻重，可分为耍赖、抵赖和无赖。

轻者可谓耍赖，好比调皮的小孩子，淘气让人哭笑不得，它更多耍的是脾气，耍的是心眼。耍赖的人或许能一时占到小便宜，但失去的却是信任这个“大礼包”，而信任一旦没了，人与人的根基就塌了，再要唤回，就好比折叠过的白纸，再也没有恢复原状、原样的可能。从这个意义上讲，耍赖者得不偿失、因小失大。

抵赖则是罔顾事实、编织谎言、百般狡辩以否认过失乃至罪行，抵赖的人可以昧着良心、睁着眼睛说瞎话，一副“死猪不怕开水烫”的架势，往往死扛、硬撑，其实这样的人已经无疑是个无赖了。抵赖是讲歪理、讲蛮理，常常与撒泼为伍，让人义愤填膺、无所适从。抵赖者的身上有一股痞气，它是把最后一层遮羞的布撕掉给人看。抵赖主要抵的是事实，抵赖者最怕的是事实，而事实最终是抵赖不了的，抵赖者或许凭三寸不烂之舌百般“洗白”，但黑的终归是黑的，黑的白不了，白的也黑不了，所以，抵赖的人最终会“原形毕露”。

如果说耍赖的人尚且可以被“救死扶伤”的话，那么无赖之人则病入膏肓、无药可救了。如果说耍赖只是坏到刚刚好，那么抵赖、无赖则是坏透了，无赖无异于流氓、恶棍和地痞，市井无赖只会死乞白赖。无赖是既不讲理，又讲歪理，还歪着讲理，时时与撒野为友，横七竖八想怎么样就怎么样。这种人身上散发着匪气、戾气，无赖者大都游手好闲，而且刁滑强横、品行不端。做人切不可成为无赖之徒，抵赖、无赖的人没有一个有好结果。

八、撒谎、撒泼、撒野是野蛮生长的“罂粟壳”

人这一生不可能没有撒过谎，撒谎似乎是一般人的天性。然而，人不可以撒大谎，也不可以常撒谎，更不可以一辈子撒谎。不管怎么说，撒谎都是不诚实的表现，不管出于什么目的，撒大谎和常撒谎都是不可以原谅和宽恕的。撒大谎和常撒谎，既失信于人，又让自己背上沉重的精神十字架。有道是：对信任你的人，永远别撒谎；对你撒谎的人，永远别相信。受伤莫过于被骗。当你一股脑儿、毫无保留地信任一个人却突然发现他对你撒了谎，而且是天衣无缝地撒了弥天大谎，狠狠地骗了你一把，让你一直蒙在鼓里，那一刻，所有的信任都会“碎了一地”。撒谎伤人又害己，撒谎多的人没有朋友。撒谎是戴着面具在跳舞。谎言，标榜者的艺术，卑鄙者的道具，它像一朵盛开的鲜花，外表美丽，生命短暂。

如果说，撒谎折射出一个人修养低下，那么撒泼和撒野则折射出一个人教养缺失。撒泼打滚，指的就是那种嘴里骂着泼辣的话，躺倒在地上打滚的样子。这是对撒泼者的形象刻画。现实中，有的酒后“借酒装疯”，有的冲动“丧失理智”，有的任性“大打出手”，有的耍横“歇斯底里”，有的卖萌“目空一切”，等等，丑态百出，闹出不少笑话。

撒泼、撒野的人言语放肆、行为放荡，粗俗无礼、任性无边，既不尊重别人又不尊重自己。那些撒泼的“路怒”、撒野的“雷语”，最终都要为自己的任性放肆而买单，付出沉重代价。

九、发泄、发飙、发狂是人生休克的“注射剂”

发泄、发飙、发狂都是一种情绪的表达，只不过表达的程度不同而已。人都是有情绪的。总的来说，情绪会让人的言行走形变样，形象歪东倒西。把情绪表达出来是本能，而能够把情绪掌控住并管理好则是本事，高明的人做情绪的主人，愚蠢的人做情绪的奴隶。

现代社会，工作节奏快、竞争强、压力大，人们普遍积压着各种各样的情绪，于是人们会采取多种多样的方式来宣泄和排解。一个人总有不开心、不顺心、不舒心的时候，在这个时候，需要而且可以释放和排解出来，但释放得适度，得有合理的方式。如果一味地不顾场合、不分对象、不管分寸地发泄甚至发飙、发狂，势必会吃“后悔药”，正所谓“冲动是魔鬼”。

现实中，有些人的美好前程往往定格在发泄的那一刻，秒杀于发飙、发狂的那一瞬间。人得学会忍，学会忍受、忍耐、忍让。俗话说：“忍得一时气，免遭百日忧。”忍，既能“免遭忧”“不乱大谋”，又能修身养性。发泄、发飙、发狂虽然一时痛快爽快，却常常让人追悔莫及。把脾气发出来是一般人，而把脾气压下去却是不一般的人。人有情绪当然可以也应该发出来，但能管理好和控制住自己情绪的人才是大丈夫和真君子。

黑夜的转弯是白天，愤怒的转弯是快乐，有的时候让心情转个弯就是晴天。发泄、发飙、发狂恰恰就是不会让心情转个弯。

十、小山头、小圈子、小团伙是仕途路上的“死胡同”

人，是社会性群体，生活在各种社会关系中，于是有着各种各样的交往，结成某种纽带，形成诸如“老乡”“同学”“战友”等各种不同的圈子。但“圈子”不等于搞“小圈子”，如果将公权力或公共资源融入“小圈子”，搞各种各样的利益输送、投桃报李，则这个“小圈子”千万要不得，早晚会出事。

曾几何时，一些人热衷于编织关系网、建“小圈子”，搞什么“同学会”“战友圈”“乡友团”，甚至搞江湖式的“金兰结义”，等等。削尖脑袋找靠山、攀高枝、抱大腿、进圈子，想尽办法拉关系、找门子、拜码头，这都是在政治生态不好、风气不正、各种“潜规则”盛行情况下变形走样的为官从政行为。随着各种“潜规则”被打破和政治生态的净化，在靠山很有可能成为“火山”、圈子很容易画“圈”为牢的情况下，搞小山头、小圈子、小团伙那一套不但不灵了，而且不行了，甚至会出事。残酷的现实是，上山头不易下山头更不易，进圈子不易出圈子更不易。靠山容易成为“火山”，圈子容易画“圈”为牢。邓小平曾告诫：“小圈子那个东西害死人呐！很多失误就从这里出来，错误就从这里犯起。”为官从政者，就是要横下一条心，让上下级之间的关系回归正常、理性和本真，做到简简单单、清清爽爽、规规矩矩、平平常常、干干净净、明明白白，团结而不结团，同志而不同伙。

“我们都是来自五湖四海，为了一个共同的革命目标，走到一起来了”，干事业要靠班子不靠圈子，靠团队不靠团伙，搞小山头、小圈子、小团伙那一套，总有一天会出事！

应该说，人的身上都有正负能量，就看正负能量大小多少和此消彼长。这里列举的这些“忌讳”都是应该克服的人性弱点，都是需要抑制和战胜的负能量。当一个人身上的正能量多于负能量或正能量战胜负能量时，便是阳光、清新、明媚的人，便是健康、纯粹、高尚的人。唯此，才能做人有胆有识、做事有声有色、做官有模有样。

（原载《秘书工作》2015 年第 12 期）

做人做事做官「再十忌」

做人难免有缺点，干事终归有缺憾，为官肯定有缺陷，只有把这些缺点、缺憾和缺陷一个个找出来，把一块块绊脚石踢了、搬掉，前行的路才会走得更顺畅、更通畅。笔者曾试着开出过“忌服忌用”的多味“药方子”，不少人照单“抓药”，觉得还受用。于是，再次“问诊把脉”，列出“再十忌”，以期对症下药、有所“疗效”。

一、好强、逞强、示强是盛气凌人的“报警器”

人该不该示强？应该怎样示强？一般而言，该示强时则示强，但得恰到好处，不可一味示强，更不可以好强、逞强。具体地说，至少在三种情形下可以也应该甚至必须示强：一种是需要“不战而屈人之兵”时；一种是需要提振精气神时；一种是需要保自身安危时。示强应当“刚刚好”，得适可而止，见好就收，掌握好火候便鸣锣收兵。一味地示强容易惹是非、引怨恨，树敌太多，使自己成为众矢之的，招致“羡慕嫉妒恨”。人不可太强势，太强势的人，盛气凌人、咄咄逼人，给人压迫感、窒息感，让人透不过气来、缓不过劲来、回不过神来，使人畏之远之。真正强大的人，有不怒而威的气质、气势和气场，唯有表面强大、内心脆弱的人，才时时处处表现出强硬，生怕人家不知道他的强大和强硬，甚至以此来掩饰和遮蔽内心的那份软弱、脆弱和羸弱，正所谓外强中干也。

好强的人，爱跟人斗，斗力又斗嘴，有好斗的个性特质，总是爱压倒人、战胜人，不甘示弱，吃不了亏、受不了气、忍不了委屈。时时处处事事逞强、示强是好胜者的习惯。逞强是一种炫耀、显摆和卖弄，甚至是一种嚣张、狂妄和耍威风。好强、逞强不是一个真正的强者所为，从来没有见过哪个真正的武林高手在出场过招之前先要自吹自擂一番。逞强折射出内心的弱小，逞能是十足的笨拙。

好强、逞强的人，容易斗气逞能，甚至因为“气不过”

而“气过头”，结果自己受伤、受损和受害。历史上秦国有个秦武王，好勇武，曾执意要和大力士比力气举大鼎，结果被大鼎砸死，闹出天大的笑话。逞强是不自量力的表现，是匹夫之勇。秀肌肉是人的一种本能，秀智慧是一种本事，秀智慧比秀肌肉好。

二、多心、疑心、分心是英雄气短的“垃圾桶”

心，乃万事万物之源。心小了，小事就大了；心大了，大事都小了。心宽了，什么都能放过；心窄了，什么都会发堵。所谓心态的“态”字，拆解开来讲，就是心大一点。心大一点，心态就好了。人的心态如同琴弦，太紧则易断，太松则无音，只有松紧适度，才能弹出美妙之音。一个人，倘若成不了心态的主人，就必然会沦为情绪的奴隶。凡事，既受益于心，又受困于心。

多心、疑心很累也很苦，伤人又害己。多心、疑心既源自对他人的不信任，也源自对自己的不自信。多心、疑心的人总是对人与事过分敏感，特别在意他人怎么说、怎么看，总有一种不安全感。他们喜欢胡思乱想，习惯于把简单问题复杂化，结果是困在一团乱麻般的猜测中走不出去、跳不出来。

多心与疑心是一对“双胞胎”，多心久之则疑心，疑心多了则成“疑心病”。人，还是简单点好，有时候，与其多心倒不如少一根筋，不妨把复杂问题简单化。人有一份戒心和防范之心无可厚非，这理应是贴在心上的一层合情合理的自我“保护膜”，但戒心、防范之心不可延伸、夸大，不然则演变成多心、疑心。疑心是人与人最远的距离。信任人是一种境界，被信任是一种幸福。对一个人信任的深浅，不是看你会不会对他笑，而是看你愿不愿意当着他的面哭。

多心、疑心久了，自然会分心，不可能专注于本该全心投入的人与事。人心的存量空间是有限的，被多心、疑心挤占的空间多了，心思不集中，分心也就难免了。多心、疑心、分心重的人难以专心致志干成事。

一个人的心里装得多叫分心，装得过多叫多心，装得太多叫疑心，分心、多心、疑心都是一种心病。多心、疑心其实是一件痛苦的事，如果不改变则会更加痛苦。与其痛苦，不如不去吃这个苦，关键取决于自己。心中充满阳光的人，世间便没有雾霾天。

三、失意、失望、失志是自暴自弃的“安魂曲”

人生都在追求快乐、向往成功，但失意却是在所难免的。人的一生，不可能一直顺风顺水、平步青云，难免会碰到这样那样的挫折、不顺、打击或不顺心、不如意的倒霉事，甚至会遭遇“暗礁”，遭受“暴风骤雨”“腥风血雨”。碰壁了，甚至失败了该怎么想、怎么办？成功者往往得意之时淡定，失意之时坚定。志得意满时，需要的是淡然，给自己留一条退路；失意落魄时，重要的是泰然，给自己觅一条出路。事实上，一个输不起的人，常常就是一个赢不了的人。成功很固执，它不相信言语，只相信行动。倒霉是一种永远也不会错过、不该错过的运气。一个从来没有失败过的人，必然是一个什么也没有尝试过的人。

人可以被击败，但不可以被击倒。人生路上有两件事是最值得骄傲的，一件是从成功中走出来，另一件是在失败中站起来。如果说站起来的次数能够比跌倒的次数多一次，便是强者。人生的高度都是由跌倒的经历累积起来的。这个世界上最富有的人，可以说是跌倒次数最多的人；世界上最勇敢的人，应该是每一次跌倒都能爬起来的人。所以，跌倒不算失败，而爬不起来才算真正的失败。赢家不是那些从不失败的人，而是那些从不言弃的人。大凡成功者，其实成功的秘诀很简单，就是不怕失败和不忘失败。失败不是成功的反面，而是成功的一部分，只要在失败中有所收获，就是一种成功。当一个人碰到困难、失败和过不去的坎时，不妨换一种人生姿势，学会说没关系、不要紧、有机会、再来过，留得青山在不怕没柴烧，只要精神不滑坡，办法总比困难多。把困难踩在脚下，你才会站得更高。生活中的现象昭示一个道理：走在光滑的冰面上容易摔倒，是因为上面没有坎坷，有坎坷有时反而是件好事。危机当中有转机，在痛苦与焦虑中，说不定正蕴藏着人生的华丽转身、精彩转型。任何时候都要明白：酸甜苦辣是生命的富有，赤橙黄绿是人生的斑斓；这个世界只有回不去的路，没有过不去的坎。当你失落时，留点空白给希望，希望是你的指路灯塔。一个人最大的破产是失望和绝望，最大的资产是指望和希望。人不怕走在黑夜里，就怕心中没有阳光，只要阳光在，黑夜就有尽头。

失败并不可耻，失志才是可悲。古人云："三军可以夺帅也，匹夫不可夺志也。"真正可怕的是失去了志向、志气，如果志向变了、志气没了，那才是真正彻底地失败了。悲观的人先被自己打败，然后才被生活打败；乐观的人先战胜自己，然后才战胜生活，正所谓：“志之难也，不在胜人，而在自胜。”

四、空话、空虚、空洞是空白人生的“软刀子”

空，虚也、无也。做人做事，空是最可怕的，大到误国误家，小到误人误事，害人又害己。

“空口说白话，眼饱肚子饥。”说空话就是说没有实质性内容的话，它其实是做人不实的反映。打空拳费力，说空话劳神。说空话令人讨厌，它常常忽悠人、糊弄人、吓唬人，往往不着边际、不切实际，上不着天、下不着地。官话、套话、大话是空话的面孔。杂草多的地方粮食少，空话多的地方智慧贫。常说空话，是做人空虚、做事空洞的表现。

空虚是一种心态，源于没有信仰、无从寄托、失去支柱，正所谓思想空虚、精神空虚、心灵空虚。人生最大的危险在于一个空虚的心灵。当一个人整日不知道自己为什么活着、怎样活着，该干什么、怎么干时，也就只剩下一副皮囊，如同行尸走肉了，那样的人生百无聊赖，无所适从，于是乎，“今朝有酒今朝醉”，花天酒地、酗酒吸毒、醉生梦死者有之；“穷得只剩下钱”，只图物质享受、一味追名逐利者亦有之，等等。人最大的空虚莫过于，到最后回头看人生一片空白，白来一回没留下一点痕迹。如果说，我们不能留下一些让自己热泪盈眶的日子，我们的生命就是白过了。

“没劲”是空虚的“口头禅”，空虚常与无所事事相伴。空谈也罢、空虚也好，最终会让自己的人生空洞无物、一事无成。人要过得精彩，活出价值，切忌常说空话、做人空虚、做事空洞。

五、走神、走偏、走样是扭曲变形的“哈哈镜”

走神乃跑神，说的是思想抛锚、开小差儿，表现得精神不集中、注意力分散。人的精力是有限的，干事情需要专心致志、聚精会神，特别是干一些专业性强、精准度高，包括时间紧、任务重、压力大、必须“万无一失”的事情，尤其需要专心致志、心无旁骛的“工匠精神”，这样才能干一件成一件。人的很多问题都是从思想“抛锚”开始的。

干大事者忌走神，需要“安、专、迷”。有的时候，对有些事情就是要有一种“发呆”的精神，忘乎所以，不顾其他。

思想走神，则必然带来为人处世走偏、言行举止走样。世间万物，有其轨有其道，也就是常规常理，不可跑偏、不可逾越。走偏是走歪的开始，走样是走形的起步。不可小觑偶尔的走偏、走样，如果把握不住、控制不好，一旦让它成为一种常态再想纠正过来、扭转过来就难了。路可以回头看，却不可以回头走。况且，一个频频回头看的人，更是走不快路、也走不了远路的。什么样的人容易走偏、走样？一是“头脑昏”的人。辨不清方向，分不清好坏、对错、是非，或者有了一点成绩便飘飘然、昏昏然，陶醉于鲜花和掌声中。“头脑昏”会失去方向感，头重脚轻乱了步子。二是“耳朵聋”的人。只听顺耳的话，不听逆耳的话，只听赞歌、“礼炮”声，不听骂声、批评声，只会选择性地听，或“耳根软”，偏听偏信，听风即雨，被人牵着鼻子走。三是“眼睛瞎”的人。只看眼前、不看长远，只看表象、不看本质，只看一时、不看平时，只看结果、不看过程，结果会“乱花渐欲迷人眼”。

内心欲望太强的人必定会走形变样，因为欲望往往让一个人“头脑昏”“耳朵聋”“眼睛瞎”。人生如扣扣子，每一粒扣子都应该扣好，任何一粒扣偏了、扣歪了，人生的整件衣服就都偏了、歪了。人生的树苗，从一开始就得让它笔直地生长，当它开始斜着、歪着长时，就要去扶正，否则它就会一直歪着、倒着成长，以至于长不高、长不大、长不直。

六、失言、失态、失信是成功路上的“拦路虎”

人的言行通常在几种情形下容易变形扭曲：大喜易失言、大怒易失礼、大惊易失色、大哀易失颜、大惧易失节、大话易失信、大醉易失态。在这“七失”中，失言、失态、失信屡屡见之，让人追悔。

“可与人言而不言，失人；不可言而与人言，失言。知者不失人，亦不失言。”人生在世少不了说话，但说什么、怎么说不能随随便便，不可以信口开河。守嘴不惹祸，守心不出错。能守得住口，方守得住心。有的人总是口无遮拦，不管什么话、不管对谁和不管什么地方，信口雌黄，甚至胡言乱语，整个一张大嘴，结果祸从口出、失言失礼，这既是浅薄的表现，又是膨胀的表露，不少人因此而惨遭秒杀、付出代价。一个人在说话之前是话的主人，话说完后便成了话的奴隶，正所谓覆水难收。不是什么话都可以任性说，也不是什么场合、什么对象都能够随性说。“吉人之辞寡，躁人之辞众。”水深不语，人稳不言。

如果说，失言是言语上的“出轨”，那么，失态则是行为上的“失节”“失常”。只不过，失态是意识清楚正常下的不正常行为举止，而失常则是意识模糊混乱下的不正常行为举止，行为举止违背常规、违反常理，表现出不正常。失态就是“出洋相”，是行为上的错位。失态的人失去的是身份、礼数和自尊、自重、自爱。人这一生，难免在特定情况下，会一时失言甚至失态，但切忌大的失言、严重的失态，特别是经常失言失态，那样会被人耻笑，丢人现眼。当然，失言失态了要学会弥补，而对过去的错误最好的补偿，就是在未来做正确的事。

人最好不失言，也不失态，更不失信。失信是违背约定、背弃诺言、不守信用，也是一种食言。食言是说话不算数，是话乱说、说乱话，失言则是乱说话。“言必信，行必果。”“一言既出，驷马难追。”说到做到是做人的基本，守信用是安身立命的根本。一个人要赢得信任只需记住两条，即：做你说过的，说你能做的。“祸莫大于无信”，人这一辈子，很多东西可以失去，但就是不可以失信，失信是最大的破产，也是最大的失败。失信则失人，“人背信则名不达”，一旦失信寸步难行。正如哲人所言：失足，你尚且还可以恢复站立；失信，你也许很难在人群中立足。

说了不该说的话乃失言，做了不该做的事乃失态，而本该说的话却没说、本该做的事却没做乃失信，其结果都会让人生止步、前程夭折。

七、轻浮、轻率、轻信是自欺欺人的“添加剂”

做人不可轻浮，做事不可轻率。轻浮之人，言行随便、轻佻浮夸；轻浮之人，华而不实、薄而又浅。“墙上芦苇，头重脚轻根底浅；山间竹笋，嘴尖皮厚腹中空。”轻浮的人，对己不自重，对人不尊重，既不稳重，又不庄重。“浅近轻浮莫与交，地卑只解生荆棘。”轻浮的人，往往因为不自重而被人“看轻”，因为不尊重人而被人瞧不起。人可以活泼不可以轻浮，轻浮常常是猥琐的前奏。

“闭眼睛想事情，拍脑袋作决策，拍胸脯打包票”往往是轻率之人的习惯性动作和标志性符号。轻率的人主观臆断，经常“想当然、凭感觉”。轻率是草率、鲁莽、随随便便的“一母同胞”，是坏毛病、坏习惯，是不负责任的表现。这类人既对工作不负责，又对自己和他人不负责，其结果必定是“拍屁股走人”，不了了之。

轻信是轻浮和轻率的延伸，一个轻浮、轻率的人往往也是个在很多时候轻而易举便会相信一切的人。“害人之心不可有，防人之心不可无。”有时多问几遍“为什么、凭什么、是什么”，想想天底下没有“免费的午餐”，不会“掉馅饼”。要深知，天上掉馅饼之时，就是地上有陷阱之时，切莫轻信，这样自然多一道自我保护的屏障。轻信有时源自过于自信，有时又来自于自卑，过于自信或自卑让轻信有机可乘。

“慎重则必成，轻发则多败”，轻浮、轻率、轻信为自己的人生败局注入了添加剂。

八、尖酸、尖刻、尖锐是咄咄逼人的“放大器”

人当豁达大度不可鸡肠小肚，当平和宽容不可尖酸刻薄，当得饶人处且饶人、得让人处且让人，不可得理不让人，逼人逼到墙角。与人交往时，给他人留空间，就是给自己留余地。

然而，现实生活中经常会看到或听到说话尖酸刻薄的人，他们爱奚落人，喜欢挑人的短处、毛病甚至揭人隐私，冷嘲热讽、挖苦取笑，有的含沙射影，有的指桑骂槐，话里话外、字里行间带着刺儿、阴阳怪气。尖酸刻薄的人，有几个特点：一是很强的攻击性。表面批评实则挖苦，似乎是在指出问题、实则贬损他人，似乎是在讲你的毛病、实则在做人身攻击。二是很差的相容性。这种人总是看人的缺点，往往把人看得一无是处，似乎谁都不是好人，于是很难心平气和地与人相处。三是很大的破坏性。尖酸刻薄的人，像刺猬易扎人，往往会把一个地方的空气搞得很紧张，气氛搞得很僵，对和谐氛围是一种破坏。尖酸的话语、尖刻的态度伤心又伤面，让人尴尬难堪、无法忍受。然而，有人喜欢用“刀子嘴豆腐心”来原谅自己，或博得人原谅。其实，再美好善良的心地，如果长出“刀子嘴”，也会让善良的心地杂草丛生，让原本美好善良的愿望打了折扣。你可以有棱角，但你不能刺伤别人。常言道：脾气和嘴巴不好，心地再好也只能算是个打折的好人。人要积口德，不要成“毒舌”，如果你的舌头变成刀子，首先割破的就是你自己的嘴唇。“刀子嘴”有锋利的牙齿，不仅伤人脸面，更伤人心。

尖酸刻薄的人，嘴上带刺或因心里带刺，说话尖酸或因心眼针尖儿大。这种人一般待人冷酷、过于严厉、凡事苛求，性格也比较孤僻、偏执。尖酸的话语图的是自己嘴上一时的痛快，却被人心里一直痛恨。尖酸刻薄的人，说到底是内心好斗、骨子爱争，他们习惯与君子斗名、与凡人斗利、与庸人斗力，喜欢与上级争风、与同级争宠、与下级争功，于是乎，时时处处要占上风、抢头彩，结果不惜出言不逊。宋代陈抟《心相编》中说：“愚鲁人说话尖酸刻薄。”尖酸刻薄说到底是一种愚笨和鲁莽，是缺乏修养、没有涵养的表现。

尖酸、尖刻、尖锐，锋芒毕露、咄咄逼人，是不带柄的两头冒尖的匕首，既刺人又伤己，既损人又不利己。吞下尚未出口的恶语，不会伤了自己的肠胃；放弃尖酸、尖刻、尖锐的话语，只会让自己更美。

九、贪权、贪钱、贪色是身败名裂的“大黑洞”

权、钱、色是做人做事做官路上的三道坎、三座山和三扇门，顺利地迈过、翻过和转过，则幸福做人、成功做事、平安做官，反之则摔跤跌倒。

人们常说权力是把双刃剑，用得好可以助人成事，用得不好则坏事害己。权力的确是个好东西，谁都喜欢，但权力又确实不是个好东西，一旦权力与私利联姻、跟欲望捆绑、和任性为伍，成为寻租的工具，那么权力就会变成自掘坟墓的工具。任何东西都适可而止最好，权力大、责任大、风险大、“围猎”的人多，这都是成正比的。有时权力既让人兴奋着迷，又使人上瘾受害。对手中的权力既要懂敬畏，又要懂知足，如履薄冰、如临深渊、如临大敌。贪权绝非好事，如果整日削尖脑袋一味“往上爬”，迟早一天会重重地摔得很惨。

人没有钱寸步难行，然而，一味贪钱则万万不行，不论什么人，如果见钱眼开、嗜财如命，势必会不择手段、铤而走险。“人为财死、鸟为食亡”，人不能把钱带进坟墓，钱却可以把人带进坟墓，不要让钱财奴役了你的心灵，遮蔽了你的双眼。“君子爱财，取之有道。”不义之财、非法之物，任何时候、任何情况下都不能有非分之想、非常之念，都不可乱要乱得，特别是为官者，“手莫伸，伸手必被捉”。钻进孔方兄眼里的人会出不来，贪钱死路一条。

老祖先还告诫人们，色字头上一把刀，古往今来，多少人见色起意、色胆包天，做出“冲冠一怒为红颜”，甚至“不要江山要美人”的傻事、蠢事来，最后都身败名裂。如果一个人不能做到坐怀不乱的话，那么所能做的便是不要让人有坐怀的机会。秀色不可贪，大凡拜倒在“石榴裙”下的人都起不来。

有一种说法，你也许不清楚自己是个什么样的人，但当你面对权力、金钱和美色的诱惑时，你就会知道真正的自己是个什么样的人。平心而论，对于权、钱、色，一般人都会有渴望、有向往和有需求，但该得的得、能要的要、可以有的有，而过之则不得、不要、不取，特别对于为官从政者而言，这是“三道关”。

这忌那忌，贪权、贪钱、贪色是最大的忌，这三样东西无论贪哪一样，都会落个鸡飞蛋打、竹篮打水一场空的人生结局。

十、自贬、自损、自卑是自怨自艾的“咏叹调”

人可以自嘲但不可以自贬、自损。自嘲就是自我解嘲，拿自己开玩笑、调调侃，这既是有自信、有底气的表现，又是特定情况下缓解尴尬、融解气氛、化解矛盾的能力，自嘲显示出一种幽默、风趣和机智。真正的强者，能够认清自己的缺陷，并且拥有勇于自嘲的胆识。聪明的人开自己的玩笑，愚蠢的人往往开别人的玩笑，甚至拿别人开涮。然而，自嘲不可过之，过之则成自贬乃至自损。

自贬、自损就是往自己脸上抹黑，就是丑化、污名化自己，它已经超出一般意义上的调侃。照理讲，人都有自尊、爱面子，都习惯给自己“抹红”或“涂脂抹粉”，谁愿意往自己脸上泼脏水、倒污水呢？细想起来，拿自己开涮的人，或欲有求于人，或想委身于人，或内心畏惧于人，这其中有的可能是自愿的、心甘的，有的则可能是无奈的、被迫的，但无论是哪一种皆因心态不良，或心术不正，或心思不好而致，都不可取。有时候“把别人的快乐建立在自己的痛苦之上”已经不是一种境界，而是一种自轻、自贱，甚至是自毁自灭了，而自轻、自贱正是源于内心的自卑、自怜。

人可以自谦但绝不可以自卑，自卑的人始于自己看轻自己，卒于他人看不起自己。人生在世，“贫贱不能移、威武不能屈、富贵不能淫”，应该活得有气节，不卑不亢、昂首挺胸，不为五斗米折腰，不因名利作践自己，做一个骨头硬、腰板直的大写的人。这样的人人品有高度、人格有硬度、人性有厚度，活得有尊严、有个性、有风度，既让人敬畏敬仰，又让人敬重敬佩，是个顶天立地的人。

自贬、自损、自卑是跪着生，它永远换不来他人的尊重，只能低吟着一曲自怨自艾、自暴自弃的“咏叹调”。

（原载《秘书工作》2015 年第 12 期）

做人做事做官『新十忌』

世上之事有可为、可不为、不可为之分，倘若分不清、辨不明，则迟早会误入歧途，走到岔道和邪路上去。这些年，不少人“眼看他起朱楼，眼看他宴宾客，眼看他楼塌了”，瞬间人生急转直下、满盘皆输，让人大跌眼镜的有之，扼腕叹息的有之，感慨唏嘘的有之，反思醒悟的亦有之。再续“新十忌”，愿以此为镜，鉴之戒之。

一、戾气、痞气、匪气是人生餐桌的“地沟油”

戾气，乃暴戾之气。不少人感叹，当下社会戾气太重，恃强凌弱者有之，以大欺小者有之，特别是在互联网上，戾气氤氲，有不少喷子，经常听到骂声一片，打杀声不绝于耳。粗鄙撕咬着斯文，鲁莽冲撞着文明。一些人有话不能好好说、有事不能慢慢来，说话就上火，做事就斗气，信奉“拿拳头说话”“用拳脚摆平”，一言不合便破口大骂，一事不顺便拳脚相加，碰到一点事或一点矛盾便恼羞成怒、气急败坏，像个“炮仗”一点就着。戾气重的人常常心情暴躁，表现得比较残忍，做事行为比较狠，往往是杀气的“亲兄弟”，是冲动的“双胞胎”，常常让事态恶化、事情升级，变得不可收拾。如果一个人成不了心态的主人，则必然会沦为情绪的奴隶。戾气多半源于心态变形，似乎对什么人都不顺眼，对什么事都不顺心，变得愤愤不平。戾气是一股颓废之气、灰暗之气和污浊之气。

戾气重的人，身上沾染上一股子痞气和匪气，像个街头混混，玩世不恭是他们的表情，霸道蛮横是他们的做派，显摆嘚瑟是他们的习惯。痞气，通俗点说就是人们常说的吊儿郎当。有痞气的人说话往往满不在乎，一副无所谓的样子，有时还有一种“坏坏的”感觉。可怕的是，痞气在有的人眼里被看成是一种“酷酷的”味道，甚至还被认为是一种说不清、道不明的魅力。这是一种要不得的错觉。痞气绝不是个好东西，无法带来正能量，一颗阴暗的心永远都托不起一张灿烂的脸。人可以长得酷，但不可以装酷；可以清高，但不可以什么都不在乎、无所谓；可以有个性，甚至长得不好看，但不可以以丑为美。痞气就是在以丑为美、以坏为好。

匪气更要不得。匪气不是真正的英雄气，也不是所谓的有血性。匪气是十足的江湖气，它往往带有很强的欺骗性，野性十足，让人不寒而栗。

心不正则身必斜，身不正则影必歪。痞气、匪气尽显流氓之气，说到底就是一种邪气。邪念在心，自然邪乎邪门，做人做事往往会下狠手、出狠招，干出伤天害理的事情来，如此，离出事、衰败和垮台也就不远了。

二、成见、偏见、迂见是封闭狭隘的“万花筒”

人有见解是好事，但见解如果是成见、偏见或迂见，则成了坏事。

成见在古代叫成心。《庄子·齐物论》中说：“夫随其成心而师之，谁独且无师乎？奚必知代而自取者有之？愚者与有焉。”在庄子看来，成心这种东西，不只是懂得一点事物交替规律并努力把握它的人会有，一般的人包括愚人也有。“成心，谓人心之所至，便有成见在胸中，牢不可破。”它是一个人对事物所抱有的固定不变的看法，是一种错误的固定思维，具有很强的思维牵引力。应该说，成见也是经验的一种，只不过它是错误的经验。人之所以常常犯错误，问题多半出在“先入为主”的成见上。心怀成见的人，看待人与事就好像戴着一副有色眼镜，失去了本来颜色和面目，结果贻笑大方。据说朱自清在《荷塘月色》中写到夜晚的蝉声，有人写信给他，说蝉在夜间是不会鸣叫的。为此，朱自清请教了昆虫学家，得到的答案是夜间也有蝉声，之后他又亲耳听到过，于是他感叹成见的危害，说：“它足以使我们无视新的不同的经验，或加以歪曲的解释。”抱有成见的人往往很固执，也很顽固，而且直接影响着人们对人与事做出客观、公正、合理的认知和判断。有哲人说过：“成见是先入为主的观点，包含着个人的偏爱，与担心、欲望、强烈的愿望、骄傲和希望紧密相关。除非我们抛弃成见，否则，我们就会不经研究就认为某人很坏，甚至还永远认为这个人很坏。”所以说，活在成见里是很可怕又很危险的状态，经常使人觉得自己不会有任何问题，只要有问题都是他人有问题。事物是在不断发展的，要抛弃成见，与成见告别，唯一的通途便是怀谦虚之心亲自去探索与实践，在事实面前纠正和改变成见。

如果说，“成见的问题在蒙蔽”，那么，“偏见的问题在偏颇”，偏见是百分之百的错误态度，包括身份偏见、种族偏见、性别偏见、地域偏见等。偏见，往往伴随着傲慢，带来歧视。成见是近视，偏见是短视，而迂见则是一种无视了。迂见是脱离实际、不切实际的谬见，它迂腐落后，陈旧不合时宜，拘泥于过去的行事准则，结果难免被时代所淘汰。

成见、偏见、迂见好比口臭，当它发生在别人身上时，你会感到它的可恶，而当它发生在自己身上时，你却毫无觉察。人得有主见不可有成见、有高见不可有偏见、有灼见不可有迂见，成见、偏见、迂见是自黑的“低级红”。

三、跟风、跟班、跟跑是人生大厦的“烂尾楼”

人生之路难免要“跟”着走，或跟一阵，或一直跟，但人还是要自己走路和走自己的路，跟着走是为了走得更稳更好。

然而，在跟着走的过程中，到底跟着什么走和怎么跟着走却很值得掂量，也很有些讲究。社会上有许多跟风现象，比如跟风炒股、跟风买房、跟风选秀、跟风上学、跟风买各种各样的保健品，等等。国人似乎有跟风的习惯，喜欢随大流、刮风起哄，往往人云亦云，随波逐流。有的人是整天跟着感觉走，一半清醒一半醉，经常哄然而起，又哄然而散。表面上看，这是从众心理的一种反映，实则是缺乏主见、丧失自我判断力以及害怕创新的一种表现。领导者和跟风者的区别就在于创新，你的时间和生命有限，不要浪费和消耗在模仿别人这件事上。喜欢跟风的人难免会晕向，今天以为这个正确，明天又会觉得那个有道理，于是不断摇摆，经常出现各种各样的纠结，经常面对各种各样的选择和判断，结果左也不是右也不好，浪费了时间，错过了时机，甚至到最后一事无成。

跟班指的是旧时跟随在官员身边供使唤的人。曾几何时，有的人迷信朝中有人好做官，热衷于进圈子、攀高枝、找靠山、走后门，极尽巴结之能事，大行“认大哥”“拜把子”的江湖之道，成了跟班的“小兄弟”，甘当跟班的“家丁”“仆人”，唯“主子”马首是瞻，等等。毋庸讳言，跟班的人可能在一时一事上会得利，但也因此摔得很难看。

热衷并习惯于跟班的人，“主子”在时是哈巴狗，“主子”不在时是看门狗，“主子”没了时是落水狗。做人还是得有点清高和风骨，“我爱吾师，我更爱真理”，跟理不跟人才是正道、大道。

跟跑是一个人成长路上的阶段性过程。然而，有的人习惯于一直跟跑，亦步亦趋，不愿、不敢也不会超越，表现得缺乏勇气和胆量，也表现得能力不足、实力不够。马拉松赛场上往往最后跑冠军的有变跟跑为并跑，最后成为领跑的过程。人生如赛场，要成长进步，就得实现从跟跑到并跑再到领跑的超越，如果只是一直跟跑，是跑不出“冠军”的，也是不会有大出息的。

四、自高、自大、自夸是朽木搭起的“登云梯”

人在对待自我的问题上，有很多不可有、不可多和不可为的东西，比如说，自贬自损、自轻自贱；又比如说，自负自满、自私自利；还比如说，自怨自艾、自暴自弃；再比如说，自高自大、自吹自擂，等等。有人说，当下是一个彰显自我、张扬个性的时代，人当充满自信，适度地表现自我，这应该说没有什么错，但切不能以尊重自我为由放大自我，以实现自我为幌标榜自我，以崇尚自我为名膨胀自我。人有两件事会被毁掉，即：迷失在别人的评价里和禁锢在自我的思维中。实践证明，有的人无法高飞，就在于把自我看得太重。

从现实来看，自高自大、自卖自夸的人的确不少。比如说，有的人经常把自己看得比别人高明、聪明，总有一种人不如我、自以为是的感觉，于是有的人会常常感叹自己生不逢时，埋怨机会不公、时运不佳；有的人则感叹风气不好，觉得“佼佼者常受抑，平平者常通达”，埋怨身边嫉贤妒能的人太多，感到愤愤不平；还有的感叹“天生我材”没有用，总是怀才不遇，埋怨平台太小、缺乏伯乐。又比如说，有的人把自己看得不可一世，取得一点成绩，好像完全都是“靠自己”，都是自己如何一点一点熬出来的，都是自己流了多少汗、吃了多少苦得来的，与“天时地利人和”没什么关系，充其量有时顶多顺便轻描淡写地感谢一下父母；还有的人经常口出狂言、目中无人、狂妄自大，天上地下唯我独尊，这些都是自高自大自夸的表现。

如果你足够优秀，那就不必肆意卖弄，除非你徒有虚名。自高、自大、自夸的人，眼里只有自我，视野狭窄、胸襟狭小，他们或坐井观天、画地为牢，或徒有虚名，靠自卖自夸来卖弄、掩饰和吹捧，让人反感，也让自己迷失。一个人把自己看得太高，就会被别人看低，人最大的危险莫过于忽视自己的缺点并高估自己的能力。由于总觉得自己这块“金子”没有发光，总感到自己被埋没了，于是不能正确地对待自己和他人，容易产生排斥、委屈等心理，结果会因为觉得自己没有得到正确对待而变得愤愤不平、消极消沉，最终滑入自怨自艾甚至自暴自弃的泥潭。

明末清初思想家顾炎武说：“人之为学，不可自小，又不可自大。”凡是自我吹嘘、自以为是的人，必定会变得飘飘然、昏昏然起来，最后变得面目全非、不可收拾。“虚骄自大者败之媒。”一个人如果顺着自高、自大、自夸的胡同走，就必然会进入杂草丛生的庭院。

五、小心眼、小伎俩、小家气是人生堤坝的“堰塞湖”

人得有格局、境界和胸怀，这样才能担大任、干大事、成大器。然而，格局是靠境界和胸怀撑大的，现实中一些人常常使小心眼、耍小伎俩、显小家子气，这是撑不大格局的。

小心眼就是气量小、心胸狭隘，当看到他人比自己好时，会眼红、心里不舒服、羡慕嫉妒恨；当碰到事情时，爱斤斤计较，会耿耿于怀、睚眦必报；当遇到问题时，喜欢一根筋，爱认死理；等等。做人要有心眼，不可缺心眼；要有好心眼，不可死心眼，更不可小心眼。心眼小的人，天地大不了，格局大不了。小心眼的人因为心眼针尖那么大，所以很难容言、容事与容人，看人看事也往往从门缝里瞧，往偏激里看，很难与人共事相处。小心眼说到底是把什么都看成是私有的，所以一般都小肚鸡肠，遇事爱往心里去，揪住不放，甚至记恨在心，疑心重重，是个没风度的人。人还是豁达点好，拿得起、放得下，看得透、想得开，而且该忘的忘得了。

小心眼不控制住就会成坏心眼，这样的人常爱玩小伎俩。小伎俩是一种手段和花招，这样的人常常动“小心思”、做“小动作”、打“小算盘”、耍“小聪明”。小伎俩是用来骗人和哄人的。使小伎俩的人玩的都是鸡鸣狗盗的小把戏，有时可能会骗人哄人于一时，得逞于一事，但终归会让人识破戳穿，而一旦被识破戳穿也就鸡飞蛋打，落个聪明反被聪明误。人还是堂堂正正点好，心底多些阳光，搞“阳谋”而不是在背后或私底下或见不得人的地方搞阴谋诡计。

小心眼也好，小伎俩也罢，都是“小儿科”，甚至下三滥上不了台面，也尽显一个人的小家子气。人之可怜之处无非有两条，即：一是求之不得；二是舍之不得。小家子气的人时时处处都舍之不得，尽显可怜之相。“易涨易落山溪水，易反易覆小人心。”小心眼、小伎俩、小家子气说白了就是小人心，这样的人不可交，也不可久交，更不可深交，他们遭人讨厌，到头来只能是众叛亲离、被人嫌弃。

六、应景、应时、应命是昙花一现的“信号弹”

在平时的工作、学习和生活中，我们都得面对许多事情，得学会应对各种新情况、新问题和新矛盾。在五花八门的应付中，应景、应时和应命是生灵活现的写照。现实中，有些人很喜欢做一些应景的事，什么“沿江路”“步行街”“大广场”，搞得漂漂亮亮、花里胡哨；什么“马路旁”“入口处”“主席台”，弄得花团锦簇、光鲜照人；什么“节假日”里走访慰问嘘寒问暖，上演“进门、送礼、拍照、走人”四部曲，做得有声有色、像模像样等等。应景之作，说白了就是在作秀，纯粹是为了做给人看的，说到底是虚荣心、功利心在作怪。应景之作表面看是亮点，实际上很肤浅，是人为制造出来的泡沫，结果来也匆匆、去也匆匆。

应景往往或为跟风，或为装点，或为浮躁，而无论是哪一种，都注定是一时的，是应时的作品，就像“季节性”果蔬，季节一过就“下市”了。这些应景、应时的事情，又多半不是顺应事物发展的客观规律，而是出于“长官意志”“上面意见”，乃应命而为。听从“上面意见”是重要的，也是必需的，但听从、服从不等于盲从。倘若不管对错好坏、不分青红皂白，唯命是从，甚至明明知道不对还唯唯诺诺，不愿也不敢提出意见，这种“应命”而为的事多半有一天要吃后悔药。世上有两种人可悲且无药可救，一种是不服从命令的人，一种是唯命是从的人。不唯上，不唯书，只唯实，这是唯物论的真谛。

应景、应时、应命既是一种讨好卖乖，又是一种投机取巧；既是一种媚俗，又是一种迎合，做的是表面文章，使的是花拳绣腿。人还是老老实实、扎扎实实做事情好，不图虚名、不贪虚功，少锦上添花、多雪中送炭，少心浮气躁急功近利、多潜心钻研久久为功，不做或少做应景、应时、应命的事情。事实告诉我们，应景、应时、应命的人和事都是“急就章”，不是深思熟虑、文火慢炖出来的，因而也都是短命的，会随即化为美丽的泡影。

七、随便、随意、随心是自由散漫的“集散地”

人是要有约束和规矩的，即便是自由，也是相对的自由，是有约束、有纪律的自由。做人做事得有板有眼、有模有样，丁是丁、卯是卯。

然而，一段时间以来不少人确实随便惯了，随心所欲、随性而为的人随处可见，似乎爱咋咋地、想怎么着就怎么着，一些人是什么话随便说、什么饭随便吃、什么地方随便去、什么东西随便要、什么人随便交，等等，公私不分、是非不论、对错不讲、美丑不辨；有的人则视纪律为羁绊，把规矩当束缚，拿制度当摆设，“牛栏关猫进出自由”，“天马行空独来独往”；有的还美其名曰现在是个性解放的年代，就是应该随性点，干什么都循规蹈矩、太老实会吃亏，于是在一些“小节”上显得很随意，大大咧咧、我行我素，等等。随便的人是不认真、不严肃的，也是不负责任的。

这种人说话办事常常不过脑、不走心，往往脱口而出、敷衍而过，倘若把事情交给这样的人去办，不出事才是怪事；而如果听信这种人随随便便说出来的话，不误事也是怪事。随便会给人带来伤害，也给自己带来麻烦。

随便源于内心太过随意。随意就是任凭自己的意愿“横冲直撞”和“拳打脚踢”。人的意愿总是朝着对自己有利和让自己舒服的方向使劲的，然而，世上哪有那么多好事都顺着你、依着你的意愿来。俗话说，没有规矩不成方圆。要么按规矩来，要么破了规矩照你的意愿走，前者平安无事，后者迟早出事。一些人就是在这些问题上处理不好，任由自己内心的意愿天马行空，一再滋长膨胀，最终跌跤摔跟头。

随便、随意、随心是一种十足的任性，这种人目空一切，既太过于无所谓，把什么都不当回事，又太过于无所畏，对什么都不在乎，结果总有一天会像脱缰的野马跑上不归路。人可以随和，但不可以随便，这叫作没架子但得有样子。人得自律，不可以随心所欲、恣意妄为，随心随意很可能是随心所欲、恣意妄为的开始，势必要为自己的人生付出沉重的代价。

八、凶横、蛮横、专横是匹夫之勇的“火药桶”

“横”有很多种含义，当它用到人身上时，便是厉害的意思。常听人说，“这个人很横”，或“你真横”，或“他经常耍横”，表明这个人很可怕。人当然还是不要让人觉得很可怕，可爱永远比可怕好。人应当和蔼，面善心好，有亲和力，有相容性，这样的人有一种温暖的力量，相比之下，那种横眉立目、一脸凶相的人只会让人远之畏之弃之。“横眉冷对千夫指，俯首甘为孺子牛。”鲁迅先生也“横”，但他是对恶人、敌人“横”，而他对普通民众却甘为孺子牛。我们有些人似乎不是这样，有的对百姓颐指气使、飞扬跋扈，吹胡子瞪眼；有的门难进、脸难看、话难说、事难办；有的骂百姓为刁民，“通不通龙卷风”，等等。

“贼寇凶横，陵虐具区，阻兵安忍，凭灾怙乱。”凶横是没有修养、缺乏教养的表现，其内心不是善的而是恶的，不是美的而是丑的。凶横之人，既有外在的，又有内在的，也有“内外兼修”的。外在的凶狠龇牙咧嘴、满脸横肉，张牙舞爪、目露凶光，而内在的凶狠则心狠手辣、穷凶极恶。凶神恶煞的人，基本没有好下场，甚至众叛亲离。

蛮横则是既不占理，又不讲理，所谓“秀才碰上兵，有理说不清”，说的就是碰上了那种不讲道理的蛮横又无可奈何。蛮横的人喜欢刁难和为难人，结果既为难人家，也为难自己。“钱财使人贪婪，美色使人沉溺，名声使人骄傲，权势使人专横。”专横的人表现出说一不二、一手遮天的霸气，习惯搞“一言堂”“家长制”。专横的人是一个以自我为中心的人，很难沟通，也很固执，听不进去别人的意见，独断专行是他的天性，刚愎自用是他的性格。

凶横、蛮横、专横既是人格上的缺陷，又是人品上的缺损，要不得、使不得，一旦沾染上，人生路上没有伴。

九、粗鲁、粗俗、粗野是灼伤自我的“雾霾天”

有一种涵养叫斯文，有一种修养叫彬彬有礼，有一种教养叫温文尔雅，这是千百年来积淀下来的一种文化。然而，这种涵养、修养和教养在一些人身上似乎在一点点地流失。

不知从什么时候起，一种粗鄙文化沉渣泛起，甚至在一些人中流行开来。一些人把粗鲁当豪爽，视粗俗为有趣，拿粗野当血性，好像不会说脏话就不是爷们儿，不爆几句粗口、不飙几句狂话，就不足以显示豪放和活力，结果有的人动辄言语粗暴、脏话连篇、斯文扫地；有的人行为鲁莽、“尺度”忒大、举止狂野，尽显匹夫之勇，等等。这种说话直奔“脐下三寸”的现象是当下社会粗鄙文化的直接反映，也是血性观被扭曲的直接投射。

古往今来，粗鲁、粗俗一直是没有文化的一种表现。据说中国古代有一位近乎文盲的皇帝叫张献忠，连下圣旨都是粗话连篇，骂声不断，他曾给在汉中吃了败仗的部下刘进忠下圣旨，告诫其不要轻易发兵。然而那一纸粗鲁到家的圣旨，惹得刘进忠直接带着部队投降了清军，而且后来又帮助清军攻打张献忠。

粗野之可怕在于“野”，好像没有进化似的，还停留在刀耕火种的野蛮时代。如果说，粗鲁、粗俗是文化缺失的表现，那么粗野则是文明缺失的折射。粗鲁、粗俗和粗野不代表“强悍”，也不意味着“有力量”“有胆儿”，而是做人格调低下和心理猥琐的反映，如果任其流行开来、泛滥起来，将是令人忧虑的精神污染，倘若还有人不以为耻、反以为荣，那更是一种堕落和悲哀。

我们呼唤粗犷，但不意味着拥抱粗鲁；需要通俗，但拒绝粗俗和庸俗；推崇血性，但反感野性。粗鲁、粗俗、粗野是由里到外的一种放纵和放肆，它在伤人的同时，必定还会伤到自己。

十、蛮干、盲干、乱干是一事无成的“下课铃”

大凡干事，有四种干法。一种叫作有心又有力地干，把工作当事业，甚至当生命，尽心尽力、尽职尽责，有所作为；另一种叫作心有余而力不足地干，虽积极主动、敬业投入，却能力不足、办法不多、本事不大和方法不对，结果无所作为；还有一种叫作力有余而心不足地干，不是一心一意、全心全意地干事，而是半心半意甚至虚情假意地干事，好比“大象屁股推不动”“猴子屁股坐不住”，或者像陀螺一样得抽着转，像算盘子一样得拨着动，出工不出力、坐诊不号脉、挂帅不出征，图个“干点意思意思、不干不够意思、干多没啥意思”，敷衍了事，消极作为；再有一种叫作无心又无力地干，完全在那吃闲饭，做稻草人、成泥菩萨，庸碌无为。后三种就是蛮干、盲干、乱干的表现。

一段时间以来，担当作为成了热议的话题，力不足是蛮干，心不足是盲干，力与心皆不足则是胡干、乱干。人得想干事、能干事和干成事，人生的价值和意义都是干出来的。不干实际上最为愚蠢，一来是一种耻辱，二来是职业道德的失守，三来你不干总会有人干，这样你迟早要被替代、被边缘化。给任务就是给机会，给担子就是给成长，不干事的人生一点意思都没有。不过，有的人也在干，但他是在蛮干，往往不论条件、不讲方法，使的是蛮劲，出的是蛮招，不讲科学、只凭经验，这种蛮干有时或许能偶尔干成一两件事，但终归干不好事。蛮干是一种硬干和傻干，只会事倍而功半。

也有一种人没有方向，没有目标，抓不住重点，突出不了主要矛盾，整天是眉毛胡子一把抓，鸡毛蒜皮一锅煮，天天都在说忙，而且看似也很忙，实则在瞎忙乎，这就是盲干。还有的人在乱干、胡干，这种人常常不管对错、不顾好坏、不论是非、不计后果，甚至越边界、踩底线、闯红灯，有的还以“洗碗多难免打碎碗”这种似是而非的谬论为自己找理由、寻开脱。胡乱干有时比蛮干、盲干甚至不干更可怕，它带来的危害和破坏也更大。胡乱干的人身上大多不干不净，有的以干事为幌暗度陈仓，有的以干事为名“既在河边走，又让湿湿鞋”，这种不干净的所谓的干早晚得出事，最终只会前功尽弃，落个白干。

“新十忌”旨在告诉人们，做人做事做官要经常“照镜子、正衣冠”，“不为不可成，不求不可得，不处不可久，不行不可复”，不放纵、不越轨、不逾矩，尤其是在私底下、无人时、细微处，“见善如不及，见不善如探汤”，让做人做事做官行稳致远。

（原载《秘书工作》2017 年第 8 期）

第二辑

行之力则知愈进，知之深则行愈达。

——【南宋】张栻《论语解·序》

做人做事做官『十大关系』

做人做事做官是门大学问，有些事情得处理好内在的逻辑关系，拿捏好分寸、掌握好火候、控制好节奏和把握好时机，注意从事物的特点和规律出发，依规而办、循规而行。

一、“功成不必在我”与“功成必定有我”

“功成不必在我”是一种境界、胸襟和情怀，它折射出淡泊的名利观，体现出正确的政绩观，反映出一种甘于做铺垫性工作和甘于抓未成之事的宝贵精神和可贵心态。事业的成功未必就在我手中或我的任期里看到并实现，但一定要为它的实现而埋头苦干、接续奋斗，而且不问西东、不计得失。然而，不戚戚于轰轰烈烈的业绩，不耿耿于留下赫赫声名，并不是不担当、不作为，而是要有“功成必定有我”的使命和责任，既做显绩又做潜绩，既着力当前又着眼未来，干出为后人做铺垫、打基础和利长远的好事实事。“不必在我”可敬，“必定有我”可贵。

二、“仰望星空”与脚踏实地

“仰望星空”就是看全局、知未来，就是站得高、看得远、想得深。“不谋全局者不足以谋一域，不谋万事者不足以谋一时。”无论身处什么岗位，要想不迷失方向、行稳致远，就得经常多角度多侧面地观察和分析问题，研究和把握事物运行之“形”、发展之“势”。窥一斑而知全豹，处一域而观全局，这既是一种站位、眼界和格局，又是一种思想方法和思维方式。然而，“仰望星空”不是要好高骛远，而是要不驰于空想，不骛于虚声，扎扎实实地从一点一滴做起、一件事一件事地落实，一步一个脚印地向前走。

三、只争朝夕与“不看朝夕”

“一万年太久，只争朝夕。”做事情得抓住机遇、争分夺秒，有一种时不我待、争先恐后的精气神。只争朝夕就是在最短的时间里完成，今天的事今日结，眼前的事马上办，这是一种好的作风，也是一种过硬的能力。人生短暂，很多事情等不得，一等就错过了；机不可失，很多事情错不起，错过了便时不再来。然而，有些事情又不是朝夕间便能完成和实现的，不能以朝夕论英雄。俗话说“慢工出细活”，很多事情得有绣花功夫、工匠精神，有一种钉钉子的毅力、韧性和耐心，久久为功、持之以恒。毕其功于一役是心浮气躁、急功近利的表现。特别是那些打基础、利长远的事是不以一时一事论成败的，得静下心来，耐得住寂寞，坐得住冷板凳。只争朝夕折射出一种责任感、使命感和紧迫感，“不看朝夕”体现出一种耐心、韧劲和定力。

四、尽力而为与量力而行

在干事业的过程中，无论是制定目标还是确定任务，抑或是提出具体要求，出台政策措施，都应该是“跳起来摘桃子”，这就叫既尽力而为又量力而行。如果说，不需要跳起来，只需要轻轻松松踮踮脚尖就能摘到的桃子，这不叫尽力而为，而叫力有余心不足；如果说，跳起来都够不着的桃子，那不叫量力而行，而叫好高骛远、眼高手低，属于心有余力不足。尽力而为是胆识和气魄，量力而行是求真和求实。尽力而为需要一种积极主动、全力以赴，而且越是艰险越向前的勇气；量力而行则需要实事求是，一切从实际出发的科学态度和方法。饭得一口一口地吃，事得一件一件地办。我们需要尊重客观规律，讲究科学方法，不蛮干、不盲目、不透支，有多大能耐办多大事。尽力而为强调的是主观能动性，量力而行注重的是事物客观性。把尽力而为和量力而行结合好了，就能“跳起来摘桃子”了。

五、对上负责与对下负责

每一个从政为官的人，都面临着如何既对上级负责，又对百姓负责的问题。从本质上来讲，这两者是有机统一的整体。党的宗旨全心全意为人民服务，上级制定政策、作出决策理应代表群众意愿，说话办事理应以人民群众满意不满意、高兴不高兴、拥护不拥护、答应不答应为根本准绳，从这个意义上讲，对上负责就是在对下负责。然而，人民群众对美好生活的向往，就是我们的奋斗目标。人民公仆所做的一切都得以群众的期盼、意愿来说话办事，就得时刻有公仆意识，把群众表情作为心情、群众鼓励作为动力。所以，对下负责说到底就是在对上负责，没有哪个有百姓情怀的上级会愿意看到或听到老百姓怨声载道的。

六、“三把火”与“三盆水”

俗话说：新官上任三把火。上来就“烧火”是不少为官者的一种思维习惯和工作方式，也是一种路径依赖。总的来说，“烧火”没有什么坏处。只要是真正建立在深入调查研究和科学论证基础上的“火”，既可以点燃干部群众心中的热情和激情，也可以释放走马上任后自己内心那团火，只要掌握好“火候”“火势”和“火情”，“烧火”比不“烧火”利大于弊。但是，又不能一味地迷恋于“烧火”，甚至不顾“火势”“火情”，让其扩大蔓延，更不可放任周围那些“起哄”者跟着“纵火”，这种时候，还需要清醒、冷静和理性，得不失时机地浇几盆冷水。“浇水”实际上就是静下来思考、坐下来学习、慢下来踱“方步”。“三盆水”就是给过热的脑子浇盆水、给过急的心理浇盆水、给过高的期许浇盆水，当鲜花簇拥、掌声响起时多一分淡定，当大干快上、匆忙赶路时多一分从容，当眼花缭乱、扑朔迷离时多一分宁静。既烧“三把火”，又浇“三盆水”，才让自己从一开始既豪情万丈、踌躇满志，又稳健沉着、外冷内热，老成持重而不老气横秋，干劲十足又韧劲彰显。

七、“谋新篇”与“念旧经”

谋求新业绩、力图新作为、展示新形象、再上新台阶，这是人之常情，也在道理之中。大凡一个有责任感、使命感和事业心、上进心的人，都渴望在自己的岗位上、任期里有一个新的创造和新的局面。于是，有的习惯于一上来就提诸多新口号、新理念，热衷于上新项目、铺新摊子，对以往的工作思路和计划不感兴趣，喜欢另起炉灶新开张；有的则对前任遗留的问题，更是避之唯恐不及，出现所谓“新官不理旧账”；等等。事物发展都有个继承和创新的问题。创新是一种扬弃，而不是抛弃。对过去好的思路与办法、经验与举措、传统与作风要继承与发展，对不好的东西要加以否定和舍弃，对好的东西要加以肯定和光大。政贵有恒，不能朝令夕改，否则会让人无所适从。“念旧经”就是要把以往符合实际的事情一件接着一件办，一年接着一年干，不“走神”、不“散光”，一张蓝图绘到底，驰而不息、久久为功。

八、过程与结果

没有过程，就没有结果；没有结果，过程就会打折扣，甚至没有价值和意义，这应该是很简单的道理。可现实中一些人只一味地追求结果，或只问结果而不管过程；而有的人只讲究过程，却不管结果。应该说，这两种态度都是错误甚至有害的。只问结果而不管过程的人，会让过程变得不可控，甚至走形变样，为了达到目的可以不择手段、不计成本；只讲过程而不管结果的人，则很有可能事倍功半、徒劳无功。俗话说：一分耕耘，一分收获。耕耘是过程，收获是结果。一般来说，过程与结果是成正比的，每一个结果都应该是过程的叠加和水到渠成，倘若达不到预期结果，说明过程做得有问题、有纰漏和有差错，就应该检查和反思哪个环节、哪个流程和哪个链条上出了毛病。有道是：过程决定成败。要想获得事业成功，取得实实在在的业绩，必须把功夫下在平常、日常和经常上，付出艰辛有时甚至是长期而痛苦的努力。要看到，过程是结果的必经，但结果未必是过程的必然，所以，重过程当大于重结果，而且以一种坦然、泰然面对结果的心态去把过程做细、做实和做完美。

九、举重若轻与举轻若重

事情有轻有重、有大有小、有主有次、有缓有急和有难有易，切不可眉毛胡子一把抓，更不可捡了芝麻丢了西瓜。倘若厘不清、辨不明，把本该举重若轻的事搞得繁琐复杂、小题大做，则劳民伤财；而把本该举轻若重的事不重视、不认真，甚至麻痹无所谓，则难免贻害。举重若轻与举轻若重既是战略问题，又是战术问题，是重要的认识论和方法论。举重若轻是一种大将风度，它展示出来的是一种大开大合、纵横捭阖的气度；举轻若重是一种务实作风，它展示出来的是一种事必躬亲、严谨细致的精神。两种态度和方法都应该有。有时候和有些事情要抓大放小、以大兼小，有时候和有些事情又要以小带大、小中见大，实现举重若轻与举轻若重有机结合。

十、“剑胆”与“琴心”

随着全面深化改革向纵深推进，有越来越多的“深水区”甚至“无人区”需要去闯，在这种时候，特别需要大智大勇、能文能武的人去冲锋陷阵。“小榻琴心展，长缨剑胆舒。”“剑胆”是一种刚，“琴心”是一种柔，前者是胆识、勇气和果敢，后者是情致、儒雅和细腻。我们面临的不少事情，既要风风火火“闯九州”，又要春风化雨暖人心；既要看似“无情”决断，又要学会有情操作；既要有雷霆万钧的魄力，又要有和风细雨的耐心。为官从政需要多学习多思考，做有思想厚重感的人，做有情有义的人。

（原载《学习时报》2018 年 9 月 7 日）

做人做事做官「新十大关系」

《做人做事做官“十大关系”》得到不少共鸣，文中阐释的一些路径和方法似可在实际中尝试和印证。这里，再续新“十大关系”，以飨读者。

一、原则性和灵活性

坚持原则与灵活变通，表面上看是一对矛盾，实际上是辩证统一的。做人做事做官必须立原则、守原则和讲原则。原则就是规矩、底线和边界，“没有规矩不成方圆”，凡事要先确定原则，没有原则就会随心所欲、无拘无束，到头来一塌糊涂、不可收拾。有原则很重要，遵守原则更为重要。原则不是“稻草人”，只是拿来吓唬人的；也不应该是纸糊的，没有约束力。原则一旦确定以后就必须严格遵守，它是不可逾越的，也是不可随意更改的。然而大原则不能变，小原则得有空间和余地，有时还得随着实际情况的变化而调整变化，符合实际、切合实际和贴近实际，原则是死的，人是活的。常言道：将在外军令有所不受，说的就是灵活变通的意思。在大的原则框架下的灵活，与在灵活把握下的原则，是不可或缺的有机整体。

二、调查与研究

调查与研究是为官从政的基本功和“家常饭”，但这项基本功在一些人身上还不够扎实，这顿“家常饭”有时采购来的“食材”不好，吃得也有些“偏食”。有的人只调查却不研究，花了很多时间、很大精力，调查来的第一手资料，往往被束之高阁，得不到很好的分析、梳理和“深加工”；而有的人则宅在大院里、躲在高楼里，甚至猫在宾馆里，坐等“来料加工”，根本不去一线、基层和现场“接地气”“摸活鱼”，研究出来的问题，得出来的判断和结论不沾“露珠”、不冒“热气”，没有“泥土味”，缺乏“芳草香”，有的甚至就是拍脑袋的产品。调查与研究的这种各自为政现象，使调查研究成了无用功和“夹生饭”。我们要经常去做深入细致的调查，特别是当自己感到困惑的时候，更应该迈开双腿，放下架子、扑下身子到群众中去，到实践和基层一线去，听真话、看真相、取真经；我们更应该对调查来的鲜活素材去粗取精、去伪存真，通过比较、反复，透过现象看本质、透过个别看一般。调查与研究两者不可偏废，更不可脱节。

三、读万卷书与行万里路

为政必先学。学习是进步的阶梯，把读书作为一种生存方式和生活习惯，这应该是有百益而无一害的人生选择。但是，人可以“读书死”，却不可“死读书”，更不可“读死书”，得学会多读书、读好书和善读书。读书确实有一个读什么书和怎么读书的问题。有的人要么不读书，要么读死书，要么还读坏书。每一本好书都是一个崭新的世界，可谓开卷有益，要学会从中读出知识、见识、学识和胆识来。有字书是一个有趣的世界，无字书同样是一个充满神奇的世界。行万里路和交八方友，就是在读无字书，就是在实践中历练自己，有道是：所见所闻改变一生，不知不觉葬送一生。让“外面的世界”来丰富书本上的世界，一个人的天地才更加辽阔和宽广。

四、做“循吏”与当“能吏”

古往今来，吏大体有两种，一种是“循吏”，另一种是“能吏”。“循吏”就是做事按部就班、循规蹈矩着来，按流程、走程序，一步不少、一环不缺。干工作需要这样的“循吏”，他们大都明事理、懂规矩、重程序、守纪律，而且有板有眼、有模有样。然而，我们还需要大刀阔斧、开拓创新、勇于突破的“能吏”。“循吏”是可以成为“能吏”的，而“能吏”同时也可以是“循吏”。一个复合型、高素质的人才就应该既是合格的“循吏”，又是优秀的“能吏”，而且还同时是值得称道的“廉吏”，这才是时代所呼、事业所需的想干事、能干事、干成事又不出事的人。

五、“喊嗓子”与“做样子”

有道是：“喊破嗓子不如做出样子”，如果说针对那些只知道“喊嗓子”却不注重“做出样子”的人，而强调做样子的重要性的话，这是有道理的。但其实在工作中，“喊嗓子”同样重要。所谓“喊嗓子”，就是善于把心中的想法变成口中的说法，善于宣传、动员、说服和教育人，包括善于“用笔”来凝聚、统一人的思想，这是领导工作不可或缺的重要内容。现在有的不愿、也不会，甚至不敢“喊嗓子”，有的怕人家说自己“唱高调”，或只会耍嘴皮子，有的是怕说不好，人家不爱听，弄得自己尴尬，有的还怕“喊”得不好，惹火烧身，等等。眼下，愿喊、敢喊和会喊“嗓子”，敢于发声，喊出与当下话语体系对接的新话，掌握好话语权尤为重要。当然，会“喊嗓子”，还要更注意做出样子，不能光说不练，更不能说归说、做归做，得言必信、行必果。

六、“爱吾师”与“爱真理”

亚里士多德有句名言：“吾爱吾师，吾更爱真理。”在追求和探索真理的路上，很多人都面临一种纠结，到底是多听老师的，或“书本”的，还是更多地尊重实际、尊重客观规律。正确的选择是既尊重老师和书本上怎么说，更尊重客观规律怎么办。古人云：弟子不必不如师，师不必贤于弟子，闻道有先后，术业有专攻，如是而已。老师和书本上的话，固然要听、要看，但切不可迷信，更不可“唯师”“唯书”，犯教条主义、本本主义和经验主义错误，还是得“唯实”，一切从实际出发、实事求是，真正按客观规律办事，这才是真正崇尚科学的精神。“路漫漫其修远兮，吾将上下而求索”。为官做事，要有勇气和胆气，“吾爱吾师，吾更爱真理”。

七、“说了算”与“说得对”

任何一个职场，期待自己“说了算”，恐怕是人的一种本能，也是一个人渴望被尊重、实现自身价值的一种需要，这应该无可厚非，是情理之中的事。但是，人靠什么“说了算”？如果说，简单靠“高压”，这种“说了算”必定是暂时的和表面的，而且最终也是靠不住的。真正要让人心服口服，发自内心听从你，让自己“说了算”，还得靠自己“说得对”，也就是说的是事实，讲的是道理。从这个意义上说，把道理说明白、把事实说清楚，自信而不自负、自醒自觉而不只是自我感觉良好。要想“说了算”，就得先“说得对”，只有“说得对”，才能“说了算”。一切“说了算”都是要真正建立在“说得对”基础上的，一切以势压人、靠权力说话的“说了算”都只会落个说了不算。

八、以理服人与以情动人

孟子曰：“以力服人者，非心服也，力不赡也；以德服人者，中心悦而诚服也，如七十子之服孔子也。”故，以武服人，是勇夫；以理服人，乃辨士。不过，现在不愿、不敢和不会讲道理的还是大有人在，总觉得道理太苍白无力，特别是不敢讲大道理。事实上，以势服人口服，而以理服人则心服，通往人们心灵深处的桥梁是讲道理，让人心服口服的良药是以理服人。然而，做工作特别是做人的工作，仅靠以理服人还不够。“感人心者莫先乎情”。要想真正打动人、感染人，还得学会在晓之以理的基础上动之以情。要以心换心，找到心灵的契合点；要以情暖心，唤醒情感中柔软的部分；等等。这种工作方法，更能直抵人心，带来心灵的震撼和穿透。“随风潜入夜，润物细无声”，既强调以理服人，又注重以情动人，便可达到春风化雨的效果。

九、以信取人与以行示人

“天下熙熙，皆为利来；天下攘攘，皆为利往。”当下社会，不少人似乎更迷信于以利取人，遇事推崇钱开道、钱摆平，所谓有钱能使鬼推磨。其实，钱的作用终归是有限的。人交往到深处，还是诚信比金钱管用、比黄金更贵。“言而必有信，期而必当，天下之高”，“不宝金玉，而忠信以为宝。”人有诚信，没有钱可以有钱；人无诚信，有了钱可以没钱。以信取人，生命才可能开出灿烂的鲜花。以信取人，也就是以诚待人，说到底是以一个人的高尚德行来赢得人。时刻以自己的一言一行来给人示范，言传身教、施之以技，便是以行示人。以行示人者往往不是“给我上”，而是“跟我上”，既坐诊又号脉、既挂帅又出征、既做指挥员又当战斗员。以行示人，是最好且无声的号令。

十、宽以待人与严以律己

待人宽厚、对人宽容，多一份理解、多一份包容、多一份礼让，是做人的一种豁达和气度，也是一种修养和品行。孔子说：“己所不欲，勿施于人。”自己做不到的，千万别要求别人去做到，而自己做到了的，才具备了资格和条件要求别人去做到的。有的人就喜欢手电筒照人，对人不对己，自己“灯下黑”。宽以待人是善良的，也是明智的。但是，宽以待人并非给自己留后路、找退路，倘若从自己做起，从自己严起，可以使人“不令而从”。严以律己是一种自觉和自律，也是一种自信和底气，可以为“施于人”打下好的基础。既宽以待人，又严以律己，则能做到并实现既“勿施于人”，又“施于人”。

（原载《学习时报》2018 年 10 月 12 日）

做人做事做官『十法』

做人做事做官，方法很重要。方法得当，事半功倍；方法不当，事倍功半。方法好比过河的桥和船，让你顺利抵达成功的彼岸，不解决桥和船的问题，过河就是一句空话。不解决方法问题，任务也只是瞎说一通。以下“十法”，便是做人做事做官成败、得失与好坏之“桥”与“船”。

一、锦上添花与雪中送炭

一般而言，人都喜欢或乐于做锦上添花的事，一来顺水人情、省心省力，相对也容易简单些；二来立竿见影，容易看得见、摸得着。锦上添花的事当然可以做，也应该做，而且终归做比不做好，但是更应该提倡和鼓励多做雪中送炭的事。锦上添花是好上加好，往往欢天喜地；雪中送炭是解难济困，常常静水流深。雪中送炭，积德行善。它想人之所想、急人之所急、解人之所困、救人之所危，当他人身处紧急时、关键处、转折点和危险地时挺身而出，扶人于未倾之时、救人于未亡之境。现实中，锦上添花常见，雪中送炭难求。锦上添花是“让人好”，而雪中送炭是在“让人好”的同时“自己也好”。如果说锦上添花是一种“捧场”的话，那么雪中送炭则是一种“救场”，它救的是急，下的是及时雨。做人做事既要学会“捧场”，更要懂得“救场”。

二、授人以鱼与授人以渔

帮人帮什么、怎么帮？不少人或满足于给钱给物上，给吃给喝给用固然重要，而且是一种重要的帮法，但这充其量是浅层次的，甚至是表面的，也是一时或暂时的，倘若要从根子上帮人，那就得教思想、教理念，就得传经验、传方法，就得扶志、扶智。人们常说，观念是开关，思路是出路。帮助人形成正确的思想观念、价值理念，找到一条更适合自身成长发展的思路、措施和办法，比什么都重要。给钱给物是看得见、摸得着的物质上的东西，而教思想、教理念，传经验、传方法，扶志、扶智是看不见、摸不着的精神上的东西。前者是消费性的，后者是内化于心，可持续性的。授人以鱼让人一时受惠，授人以渔让人一生受益。

三、知其然与知其所以然

凡事首先得知道它“是什么”，也就是“知其然”，这是一般人能做到和必须做到的，如果连这一点也做不到或做得不够，那么这个人必定是浑浑噩噩、迷迷糊糊的“庸人”，是个心中无数、脑中无事的“懒汉”。然而，有的人虽然“知其然”，但往往浅尝辄止，常常只知道个“大概”“也许”“可能”，知道一点便容易满足。应该说，这都是不够的，也不会有大的进步和发展。大凡成功者或高人一筹的人，必定会去表存里、去伪存真，善于透过现象看本质，透过个别看一般，有一种“打破砂锅问到底”的钻劲，不仅知道事物“是什么”，更知道“为什么”和“怎么办”，分析研究和找到事物发展的来龙去脉、内在规律，这就是“知其所以然”。“知其然”容易，“知其所以然”不易；

“知其然”可贵，“知其所以然”更可贵。“知其所以然”需要更大的勇气、胆识和精神，需要更多的眼力、毅力和韧劲。一个既知其言、又知其意，既“知其然”，又“知其所以然”的人，方可站得更高、看得更远和想得更深，会脱颖而出、高人一筹。

四、逆水行舟与急流勇退

“逆水行舟，不进则退。”人在顺风顺水中划行，相对比较轻松自如，难度和压力也不是很大，然而人的一生不可能永远顺风顺水，总会碰到各种漩涡、暗礁和逆流。逆水行舟就是知难而上，好比滚石上山，这是一种愈挫愈奋的精神斗志和意志品质，倘若不能“逆风”前行，无异于对命运的屈服和妥协，无异于对自己的放弃和抛弃。如果说逆水行舟需要一种勇气和毅力的话，那么急流勇退则需要一份清醒和自觉、一份淡定和从容、一份理性和明智。急流勇退有时就是见好就收，人得学会见好就收，心不要太大，见好就收折射出知足的心态，透视出知止的胸怀。事物的发展总是有起有落、有高有低，人不可能一直或永远在巅峰上行走，或因为老了，那就得服老；或因为后生可畏，那就得让位；或因为力不从心，那就得示弱而不逞强，这是一种不以人的意志为转移和抗拒的规律。急流勇退是一种清醒而积极的顺势而为。

五、从实践中来与到实践中去

实践出真知，实践出才干。凡是一切务实管用且富有生命力的思想理论、政策措施，都来源于实践，火热的实践才是正宗的“出产地”，其他都是冒牌。而这么简单的道理，有时在一些人那里偏偏是明知装睡，假装不懂。有的人习惯于拍脑袋作决策，凭经验想当然；有的人热衷于宅在机关大楼，躲在深宅大院想对策、出主意；还有的人满足于问计各种各样的会议，找思路、寻办法。实践中来的东西，才针对实际、符合实际和切合实际，才真正地接地气、冒热气和有烟火气。一切思想理论、政策措施对不对头和对不对路，自己或几个人说了不算，实践才是检验真理的唯一标准。所以，还要回到实践中去，让实践来评判、来定夺。实践既是发源地和“出生地”，也是试金石和磨刀石。

六、对标对表与主观能动

对标是为了看齐，把标兵当镜子看差距、当教材去学习、当标杆去对照、当榜样去追赶；对表是为了“准时准点”，以便步调一致、同行同向、同频共振，对照“北京时间”，校准时差，慢的或错的都调到位。对标对表的目的全在于明确方位、提升站位、找准定位，得经常自觉主动地去对标对表，让自己有方向感和精准度，既不会迷失，更不会走丢。然而，对标对表不是要束缚手脚，任何时候发挥好人的主观能动性都是干成事的决定性因素。主观能动性就是积极主动而且自觉地去“想事”“找活”，不满足于“要我干的”，要想方设法去追求“我要干的”。认识上去了，行动就上来了。主观能动性来自强大的内在动力，源自高度的事业心、使命感和责任感，主观能动性调动起来了，积极性、主动性和创造性也就发挥出来了。

七、善始善终与善作善成

“善始善终，善作善成”，源自《史记·乐毅列传》，说的是做人做事既要有好的开头，也要有好的结尾；既要善于做事，也要善于把事情做好。善始善终就是要有头有尾。然而，现实中有的人习惯于前紧后松、虎头蛇尾，甚至有头无尾，开头或开始时一股子劲，口号震天响、措施响叮当，声势浩大、场面壮观，可是干着干着就“停摆”了，走着走着就“歇菜”了，经不起时间和困难的磨炼；也有的人虽然有头有尾，但只求平平过，只图“过得去”“交个差”，把“做了”当成“做好了”，开头不出彩，结尾不出色。真正有作为者，不但要善始善终，还得久久为功，善作善成。既善于做事，更善于把事情做成做好，不但知道炮弹发了，还要知道往哪发了，这既是对一个人能力的考验，又是对一个人作风的检验。做事是一般性的标准，做成事是更高的要求，善始善终是基本的，善作善成是根本的。

八、“一步三计”与“三步一计”

“凡事预则立，不预则废。”做事得有计划有计谋，有方案有对策。说到计谋，人们习惯把周瑜的“一步三计”与诸葛亮的“三步一计”作比较，于是得出“三步一计”高于“一步三计”之说。其实，作为一种思维方式，各有所长、各具特点。“一步三计”思路开阔，考虑问题更加细致而周全，有更多解决问题的方案。有时对一个问题或事物，“多想一点”和“想多一点”终归是有好处的，决策前

“想法多”可以比较和选择，可以调整和修正，有更多的回旋余地和“腾挪”空间。当然，它所要克服的是有时“计”太多，容易被干扰，不知用哪一个才好。而“三步一计”精准度更高，确定性更强，有利于下好“先手棋”，打好“主动战”。现实中，有的人往往只能走一步看一步，缺乏长远眼光，也没有全局思维、系统思维，结果只能囿于眼前，亦步亦趋，而“三步一计”看得更远、更深，需要更高的站位，能够登高望远。“一步三计”让我们谋划工作更周全，“三步一计”让我们思考问题更长远。

九、“盆景”与“风景”

推进工作典型很重要，“盆景”就是典型。打造“盆景”很有必要，也很有价值和作用，它不但让荒芜的园地里有一簇或几簇亮点，更重要的是能起到示范引领和标杆推动的作用，发挥以点带面效应。“盆景”要有说服力和可信度，要有生命力和可持续性，还要有传播力和可复制性，这样的“盆景”才不会昙花一现、过眼烟云。“一枝独秀不是春，万紫千红春满园”。要想办法让“盆景”做大，更多地开花结果，星星之火燎原开来，这是我们推动工作应当有的以点带面、点面结合的好方法。

十、逢山开路与绣花功夫

干事业得有一股子不畏艰难、不惧险阻的闯劲，这股闯劲就是逢山开路、遇水搭桥的勇气，就是兵来将挡、水来土掩的胆略。现实中，有的人“车到山前”便退缩；有的人“人到黄河”心便死，或被吓死，或被愁死，看不到出路，想不出办法。其实，任何危机都很有可能是“危”中有“机”，到“绝路”往往会逢生，置“死地”常常而后生，只要心不死，办法总比困难多，就能危机中育新机，乱局中开新局。如果说逢山开路是闯劲，那么绣花功夫就是韧劲。我们的事业在需要逢山开路、开疆拓土无畏精神的同时，也还需要耐心细致、一丝不苟、精益求精的工匠精神和绣花功夫。从一定意义上看，当下更多缺的是耐心细致的绣花功夫。逢山开路与绣花功夫一刚一柔、一武一文，不乏刚柔相济，不妨文武兼备。两者既是一种能力，也是一种心态；既是一种精神，也是一种作风。

方法是一种态度，也是一门艺术；是一种路径，也是一种方式。方法里面充满了辩证法，最忌简单、片面和机械，要防止一种倾向掩盖另一种倾向、一个极端走向另一个极端。以上这“十条”，既有思想方法，又有工作方法，还有学习方法和领导方法，可以运用于具体的工作、学习、生活和领导活动中去，让做人做事做官更到点到位。

（原载《学习时报》2018 年 11 月 26 日）

做人做事做官『新十法』

古人云："工欲善其事，必先利其器。"器好比方法，方法就是器。此前，曾列出做人做事做官十种方法，修建了一些"过河"的桥和船，这里再列"十法"，作些加固与修缮。

一、解决问题与提出问题

问题是时代的声音，是前行的导向。我们的所有工作都是奔着问题而去，针对问题而来，有的是问题倒逼而进行的。面对各种各样的问题，要去解决它、消灭它，然而解决的前提在于发现问题和提出问题；消灭的前提在于有打击和消灭的目标。从这个意义上说，解决问题固然重要，但发现并提出问题比解决问题更重要，也更困难。解决问题需要魄力和行动力，发现和提出问题需要眼力和判断力。能不能发现并提出问题，靠敏于观察、勤于思考，见微知著、落叶知秋，经常做到心中有数、脑中有事和眼里有活。

二、“回头看”与“向前看”

“回头看”就是对做过的工作和走过的路进行总结。每一个重大活动、每一项重点工作和每一次重要任务完成之后，都应当及时坐下来、静下来好好地梳理、回顾和盘点一下，作一个阶段性的复盘和总结。总结成功的，也总结失败的；总结经验，也总结教训；总结他人，也总结自己，这是非常有益的。总结是很好的学习，也是推进工作、完善自我的好方法。在总结中不断提高，在提高中不断总结。“向前看”就是去展望和憧憬，充满希望和期待，寻找新的方向和目标。“向前看”是奔着诗和远方去的，能够砥砺自己不断地攀登和求索。

三、“摸着石头过河”与“蹄疾步稳”

“摸着石头过河”就是一种探索和试行，是在局部或某个领域及环节进行必要的试点，不行则收了、关了或停了，可行则推开。试点是个好方法，通过试点在取得经验后再复制或推广开来，循序渐进、梯次展开。“摸着石头过河”目的在于更好地大踏步前行，我们的目的在于“蹄疾”，更在于“致远”，而“蹄疾”也好，“致远”也罢，全在于“稳当”，没有“稳当”一切都是在白费劲，都会落个前功尽弃。

四、用活“指头”与攥紧“拳头”

钢琴要想奏出美妙的乐曲得靠十个指头发挥出各自的作用，每个指头都不可或缺也不可替代。“十个指头弹钢琴”是重要的领导艺术和领导方法。“指头”是一个个独立的个体，而攥紧“拳头”是一个有机的整体。个人的能耐当然是重要的，得用活用好，让他们各司其职、各尽所能，人尽其才、才尽其用。但个人能耐再大，也不如攥紧了的“拳头”有力。“五指分散不成拳”，一个指头打出去不如一个拳头打出去，每个指头用好用活了，又能紧紧地攥在一起，这个“拳头”也就更加有劲有力了。干事既靠充分调动和发挥每个人的积极性主动性创造性，更靠团队的合力。

一根稻草想扔过墙去是很困难的，而一捆稻草要扔过墙去则容易多了，这便是“指头”与“拳头”的不同效应。

五、从群众中来与到群众中去

群众是真正的英雄，群众是最高明的老师。群众中不但有不少能工巧匠，更蕴藏着无穷的智慧和无限的力量。我们的历史和全部工作，从根本上讲是人民群众创造和推动的，所以，走好群众路线是极为重要的工作方法。走好群众路线，就是我们的方针政策、措施办法和思想理论，既要从群众中来，又要到群众中去。要拜群众为师、向能者求教，问计于民、问政于民，甘当群众的小学生；要经常问需于民，把群众的表情和脸色当镜子、作方向，让群众来评头论足。事实证明，我们在认识和实践上的每一次突破和进步，无不来自人民群众的实践和智慧，所以，坚持从群众中来，又到群众中去，不但让脚和身体走到群众中去，更让头脑和感情跑到群众中去，这既是一种方法论，又是一种认识论和实践论。

六、“先标后本”与标本兼治

“标”是一种表面的病症，“本”是引发病症的源头。

当遇到矛盾和问题，或者碰到一些突发性事件时，该怎么办？怎样找到解决矛盾和问题的切入点与着力点？这里面有个治标与治本的路径和方法的选择。不妨先标后本，让治标为治本赢得时间、创造条件和争取主动。“先标后本”就是先易后难、先简后繁，但它绝不是避重就轻、避实就虚，如果只是一味地治标不治本，整天在“标”上“打转转”“兜圈子”，只是在那儿一味地头痛医头、脚痛医脚，不但“本”的问题永远在那儿，而且还会耽误了解决的最佳时机，更为尴尬的是治好了的“标”也保不住、长不了，甚至出现反复，白费功夫。所以，还是要“先标后本”、标本兼治，病症要缓解，病源要根除。

七、晓之以理与动之以情

靠什么来凝聚人心？靠什么来调动人的积极性？靠什么来让人心服口服？有的人一味偏重靠物质激励；有的人过分强调靠机会平台；有的人偏执地觉得权力可以让人听话；还有的人迷信拉拉扯扯、吃吃喝喝，搞江湖义气；等等。俗话说：有理走遍天下，无理寸步难行。真正赢得人心的永远是真理。说话必须把道理说清楚、讲明白，而且善于寓理于事，把有意义的道理讲得有意思，道理一旦讲透、讲开，则风吹云散、豁然开朗。一方面要讲道理，另一方面还要讲出感情，要带着感情讲道理，而且讲到人家动感情。“感人心者莫先乎情。”理是用来说服人的，情是用来征服人的。人人心里都藏着一块柔软的部分，只要触动到了便会春风化雨、润物无声。情是最能温暖和焐热人心的，以真情换真心，以真心打开并进入他人的情感世界，既寓理于事，又寓情于理，情理交融、入情入理，推进工作便拿到了迎刃而解的“通行证”。

八、严管与厚爱

好干部是管出来的，好队伍也是管出来的。人的身上都有慵懒松散、自我自在的本能，还有各种各样的欲望，倘若管理跟不上，约束到不了位，就会野蛮生长，还会滋生蔓延开来。严是爱，松是害。带队伍不敢严管，迟早要出问题；不愿意、不适应和不习惯严管，迟早要摔跟头。严管“管”出作风、“管”出形象；厚爱“爱”出干劲、“爱”出信心。怎样去厚爱一个人？怎样才算厚爱？对干部的厚爱，体现在理解和信任上、使用和导向上，真正让干部吃苦而不吃亏、受累而不受气、流汗而不流泪、埋头而不埋没。严管与厚爱是带队伍的两只手，都要用、都要硬。

九、从“最坏处”准备与向“最好处”努力

“惟事事乃其有备，有备无患。”干任何事情都要有问题意识和底线思维，把问题想得复杂一些，把矛盾估计得充分一点。从“最坏处”准备，就是把有可能出现的最糟糕的结果估计和预想到，这样也就没有什么可怕和可担心的了。事物的发展是有规律的，也是在不断发生变化的。有时“坏处”可能变成“好处”，原本“好处”又有可能演变成“坏处”，危机往往“危”中蕴含着新的机会，关键在于能不能“任凭风浪起，稳坐钓鱼船”，把握住大局和大势、规律和潮流，保持住定力和动力、干劲和韧劲，顺应它向“最好处”争取。机会是留给有准备的人，成功是留给有行动的人。坚持不懈地向“最好处”行动，就会春暖花开、柳暗花明。

十、精于“工笔”与善于“写意”

中国画有两种画法，一种叫工笔画，一种叫写意画。

工笔画就是运用工整、细致、缜密的技法来描绘对象，注重线条美，一丝不苟；而写意画不太在乎线条，而注重意象，讲究心灵感应，笔随意走，以形写神，在笔墨中表达情感。如果把“工笔”和“写意”比喻成实与虚、细与粗的话，应当虚实兼备、粗细结合。精于“工笔”，就是有些事情要事必躬亲、亲力亲为，“有巧密而精细者”，注重细节，件件有着落、事事有回音；善于“写意”，就是有些事情要放胆放手，既撒得开又收得拢，像写一篇大散文那样形散而神不散，一气呵成、浑然一体，大气磅礴、纵横捭阖。

（原载《学习时报》2018 年 12 月 24 日）

做人做事做官『十不如』

有些事情，你选择这样去做或许是好的，也是对的，但如果从更高的标准来要求、来衡量，却又是不够和不足的。倘若你选择更高的标准去做了，事情往往会做得更好，可以达到更理想的预期和效果。这也就是通常人们说的“与其这样倒不如那样”。以下十个“不如”，不妨思之选之。

一、临渊羡鱼不如退而结网

相对于那些工作没激情、生活没热情的麻木冷漠的人来说，有艳羡之心的人还是有不少可取之处的。俗话说，哀莫大于心死。临渊羡鱼至少说明心没有死，还是热的，当一个人站在水边想得到鱼，内心深处有一种希冀、期盼和向往，心动了。然而，心动不如行动。《淮南子·说林训》里说："临河而羡鱼，不如归家织网。"站在河边，望着河水里肥美的活蹦乱跳的鱼，却得不到，徒生羡慕之情，此时此刻还不如回家织张网拿来捕。只有结网捕鱼，才能品尝到鱼的美味。由此观之，凡事倘若只停留在一味地羡慕或渴望，而缺乏具体且实际的行动，那只能是空想，到头来什么也得不到，徒有望鱼兴叹而已。有想法还得有办法，有愿望还得有行动，才能事遂人愿、心想事成。

二、授人以鱼不如授人以渔

当他人饥寒交迫、穷困潦倒，或遇到困难、遭受灾难时，出把力、搭把手，给钱给物，救人以急、帮人以需，这是一种难能可贵的善良和德行，但是这种作用只是暂时的，也是有限的。给人鱼，不如传授给人捕鱼的技能和方法。要想从根本上而且长远地帮助到他人，最有效的是教给他人解决问题和困难的办法，包括帮他人树立起战胜一切困难的坚韧意志、坚定信心和坚强决心。现实生活中有很多有关"鱼"与"渔"的道理。我们常说的，扶贫先扶智、扶智还得扶志；传授给人知识，不如传授给他学习知识的方法等等，说的都是这个道理。“授人鱼”是一时的，解决的只是“肚子”问题，而“授人渔”是永恒的，解决的则是“脑子”问题。

三、喊破嗓子不如做出样子

俗话说，言传不如身教。“喊破嗓子”指的是“言传”，这当然是必要的；“做出样子”指的是“身教”，这更是必须的。宋代范晔《后汉书·第五伦传》中说：“以身教者从，以言教者讼。”孔子云：“其身正，不令而行；其身不正，虽令而不从。”这些话都是在强调“身教”之重要。现实中，总有那么一些人说得头头是道、振振有词，做得却是一塌糊涂、一地鸡毛，搞说一套做一套，或要求人家那样做而自己却背道而驰，种种言行不一、表里不一的做派让人反感。“己所不欲，勿施于人。”要求人家做到的自己首先做到，要求人家不做的自己首先不做。坐在台上捂着乌纱帽喊着“给我上”，不如冲到一线拎着乌纱帽喊出“跟我上”，率先垂范、以身作则最有说服力和感召力。

四、“口惠”不如“实至”

“口惠”就是口头上答应给他人好处，应该说口头许诺有时也有它的好处和作用，让人有一种期许，产生某种激励。然而，更重要的应该是兑现承诺。《礼记·表记》中说：“口惠而实不至，怨灾及其人。”倘若许人好处而实际利益却到不了别人身上，就会招致怨恨的灾祸。“口惠”有时可以鼓动一些人，但它终归不如“实至”好，假如“实至”不能及时与“口惠”配套，那么被鼓动起来的人就剩下被蒙蔽和被蛊惑了，从长远来看，口惠实不至最后吃亏受害的还是自己。“口惠”满足人们的心理期待，“实至”满足人们的利益需求。

五、苦熬不如苦干

人生短短几十载，不同的人有不同的生活态度，有的在苦熬苦等，有的则在苦干实干。苦熬的人，常常是硬撑着，抱着“船到桥头自然直”“车到山前会有路”的想法，处于一种“靠着墙根晒太阳，等着别人送小康”的状态，“等靠要”是苦熬者的真实写照。苦熬的人是熬不出头、熬不出希望的。而苦干的人则不然，怀揣心中的梦想，走遍千山万水、想尽千方百计、历经千辛万苦、说尽千言万语。幸福生活是奋斗出来的，美好前程是实干出来的。苦干实干加巧干是最朴素的“成功学”，也是成就灿烂人生的“通行证”。

六、扬长避短不如取长补短

人皆有所长，亦有所短。面对长与短，有的人选择扬长避短，把自己的长处彰显出来，而把自己的短处掩盖和包藏起来，说白了这是一种“容短”“护短”的狡黠，也是一种知难而退的怯懦。俗话说，成绩不说跑不了，问题不说不得了。“扬长”得有度，过度则有张扬之嫌，而“避短”也只是权宜之计，并非长久之策，更何况人之短处越“避”越严重，甚至会因短失长。扬长不如取长，避短不如补短。木桶定律告诉我们，一只木桶盛水多少，并不取决于最长那块木板，而是取决于最短的那块木板。所以，取人之所长补己之所短，方能更加完善自己。

七、坐而论道不如起而行之

坐而论道就是坐下来海阔天空谈道理。应该说，道理是用来理论的，有时有些道理就是越说越透、越辩越明。然而，坐而论道不可成常态，亦不可成习惯，如果只一味地或停留在坐而论道上，则容易流于空谈，陷入“假唱”，成清谈客。清谈客所以谓之“客”，正是因为清谈者自诩超脱、一副置身事外的看客心态，他们往往热衷于不切实际、不着边际的空谈，成“客里空”，有的还常常以评判者自居，用“理论权威”来吓唬人，而实际上是“不知有汉，无论魏晋”的桃花源中人，是“语言的巨人，行动的矮子”。空谈是会误国的，“论道”与“行之”务必结合起来，特别是“行之”要重于“论道”，只有老老实实地去践行那些道理，一步一个脚印地去做，才会让道理得以落地落实。

八、扬汤止沸不如釜底抽薪

从物理意义上说，如果汤沸腾了，想让它停止沸腾，可以舀起汤去浇汤，也就是将锅中沸水舀起，复倒回去，以止沸腾，这种方法能够达到一时止沸的目的，是可行的。不过，从根本上看，这只是暂缓危急的权宜之计，是化解困境的应景之举，治标而未能治本。当满锅沸腾时，要想不让锅里的汤漫溢出来，最好的办法是抽出锅底的柴火。正如古人所云：“扬汤止沸，不如去薪；溃痈虽痛，胜于养毒。”解决问题就得从根子上下手，真正斩草除根，即便是治标也是为治本创造条件、赢得时间和留下空间，只有从根本上解决问题，才可能避免反复、反弹，直至一劳永逸。

九、亡羊补牢不如未雨绸缪

事物的发展无非两种状态，一种是已经发生，一种是尚未发生。已经发生的是过去时和完成时，对于不及预期或始料不及的已经发生的事情，有的可以补救、加以完善，有的则无可挽救、不可修复。亡羊补牢正是一种事后补救和完善，属于后知后觉，架的是“马后炮”，当的是事后诸葛亮。尚未发生的属于将来时，有的则初露端倪，属于正在进行时，对于苗头性倾向性问题，善于落叶知秋、见微知著，这种先知先觉，有助于下好“先手棋”，占得主动、抢得先机。未雨绸缪得有危机意识和底线思维，懂得看“桅杆”，做到防微杜渐、防患于未然。亡羊补牢是一种被动无奈，未雨绸缪则是一种积极主动，与其亡羊补牢不如未雨绸缪。

十、锦上添花不如雪中送炭

帮助他人，大致有两种方式，一种是锦上添花，一种是雪中送炭。锦上添花就是在锦上面再绣上花，属于好上加好；而雪中送炭则是下雪天给人送炭取暖，在别人急需帮助的时候施以援手。锦上添花做的是顺水人情，雪中送炭下的是及时雨。一般而言，人们大都喜欢做锦上添花之事，因为立竿见影、皆大欢喜，而雪中送炭急人之所急、解人之所困、救人之所危。锦上添花是捧场，雪中送炭是救场，做人做事既要捧场，更要救场，救场比捧场好。

“十不如”也是十道选择题，选什么、怎么选，考验的更多不是智慧而是价值取向。领导就是在“做正确的事”，管理就是把事情做正确。选对了、做好了，做人做事做官的“坐标点”则更贴近实际、贴近正确，也就更能走进新的境界，呈现新的气象。

（原载《学习时报》2020 年 8 月 10 日）

做人做事做官『新十不如』

所谓的“不如”，实际上讲的是一种价值取向，是“两利相权取其重，两害相权取其轻”后的一种取舍，取向正确、取舍准确，则做人有道、做事有循、做官有尺。

一、高人一等不如高人一筹

做人该以什么样的姿态和面貌示人？现实中，有的人热衷于用“官威”，而有的人则注意靠思想和品格。用“官威”的人总是有意无意地居高临下，一副“官老爷”的样子。而以思想和品格立身的人，平易近人、和蔼可亲，善于讲道理，用思想点燃人们的心灵、用品格击中人们的灵魂，春风化雨、润物无声。用“官威”压人是一时的、表面的和肤浅的，只会让人畏之远之、逃之弃之，靠思想和品格征服人是永恒的、刻骨的和深远的，它充满了光芒、力量和魅力。

二、好高骛远不如志存高远

好高骛远者大都把自己追求的目标设定得很高很远，脱离实际、不切实际，眼高手低、好大喜功。生活中，那些“不扫一屋”却要“扫天下”的人便是典型的好高骛远，这样的人往往因为自不量力而半途而废、无功而返，落个竹篮打水一场空的结局。人得有志向和抱负，倘若没有志向和抱负如同行尸走肉，徒有一副空皮囊。但是人的志向和抱负不可华而不实，应该具有可行性，更应该从一点一滴做起，一步一个脚印踏踏实实地走，量力而行、尽力而为。

三、随波逐流不如追波逐浪

随波逐流是一种没有立场、缺乏主见、盲目跟风的行为。随波逐流的人，喜欢随大流、爱从众，他们耳根软、脚跟飘、心气儿低，往往跟着感觉走，一半清醒一半醉，人云亦云、见风使舵，容易被裹挟、被带偏、被带节奏。随波逐流的人缺少的是担当作为，成不了主心骨，成不了大器，不会有大出息。人得敢于迎风浪、立潮头，到大风大浪里去“冲浪”，到危急关头去“搏击”，这样摔打出来的才是栋梁之材。活鱼追波逐浪，死鱼随波漂流。

四、画蛇添足不如画龙点睛

做很多事情，都有“关键之举”和“临门一脚”，“举”得不是时候、“踢”得不是地方，便弄巧成拙、多此一举，落个节外生枝、适得其反。画蛇添足既不合适，又无益处，“添”得是自找麻烦、自寻烦恼；画龙点睛却是在关键时候说关键的话、关键地方做关键的事，只要抓住问题的关键，就能解决关键的问题。到底是“添足”，还是“点睛”，既考验人的眼力、毅力和魄力，又考验人的思想水平和思想作风。不说多余的废话、不做多余的傻事，点到为止、恰到好处，把握好度，一切都“刚刚好”，做到精准处，做出精彩事，这才是成熟之策、成功之道。

五、以点代面不如以点带面

点与面，体现的是个别与一般、特殊性与普遍性。辩证唯物主义告诉我们，做事情必须学会采取先从个别到一般，再从一般到个别的方法，处理好“点”与“面”的关系。一般而言，“点”上的工作是一个地方和单位的窗口、标杆与招牌，容易成为重点、做成亮点，具有示范作用和典型效应。但是，“点”仅仅只是个点，它代替不了面，热衷于以抓点代替抓面，以“盆景”代替“风景”，甚至以点来掩盖面，以一俊来遮百丑，既不能真正抓好“点”，又顾此失彼丢掉了“面”，结果点与面的工作都停留在一般化表面化上。“点”是可以推动或带动“面”，起到辐射作用的，但它绝不可以代替“面”。只有点面结合，以点带面，突破一点，再指导全面工作，才能最终把现在的“点”逐渐做成以后的“面”，这是很重要的工作方法。

六、大水漫灌不如精准滴灌

大水漫灌原本是农业生产中采用的一种灌溉方式，是一个农业术语。这种灌溉就是在田间不做任何沟埂，灌水时任其在地面漫流，把整个田块都放满水，它是一种比较粗放的浸润土地的灌水方法。其意主要是用来比喻“放水”，搞强刺激，或搞大呼隆、一刀切，铺天盖地。大水漫灌很容易泛滥，并且因为灌水的均匀性差，水量浪费大，还容易导致土地盐碱化。浇灌是大有学问的，做事也如浇灌，不可搞大水漫灌，无差别地搞一刀切。事实说明，有些事情切一刀是可以的，但一刀切是不可以的。切一刀是经验，一刀切则是教训。凡事得讲究个精准、精细和精确，这样才可以实现对症下药、靶向治疗，才可以量体裁衣、“私人订制”。

七、等群众找上门不如找上群众门

如何对待群众问题始终是做好群众工作的首要问题，其中折射出不同的立场、态度、观点和感情，反映出不同的做群众工作的能力和水平。为什么有人说，一做“地下工作”，就找到做群众工作的感觉？而一“上来”就又找不到这种感觉了呢？因为做“地下工作”是要天天“找上群众”，融入群众中去的。“等群众找上门”是消极被动的状态，说白了是一种应付，是摆样子、走过场，有的甚至是在作秀。而“找上群众门”则大不一样了，它是一种真正的“急群众之所急，想群众之所想”，把群众的操心事、烦心事装在脑里、放在心上。只有把群众放在心上，群众才会把你放在台上；群众在你心中的位置有多高，你在群众心中的分量才有多重。经常像走亲戚一样找上群众门，嘘寒问暖、“端茶倒水”，敲开群众“家门”“房门”多了久了，自然便能打开群众的“心门”，听到知心话，成为贴心人。

八、替民作主不如让民作主

为民作主是为官从政者的责任、使命和义务。为民作主大体有两种表现，一种是以“主人”自居，事事替民作主；另一种是以“公仆”名义，处处让民作主。替民作主蛰伏着的是“家长意识”，遇事情、作决策往往不看群众表情、不管群众心情、不顾群众感情，拍脑袋决策、拍胸脯保证、拍大腿后悔、拍屁股走人，最后群众“埋单”。让民作主真正体现的是以民为本，贯穿的是人民至上，广泛走群众路线，从群众中来、到群众中去，听民声、汇民智、聚民意。让民作主是真正的让老百姓当家作主，让广大群众有尊严、得尊重。群众是最高明的老师，是真正的英雄，只有把他们的意志和意见建议吸纳并转化到决策措施中来，代办不包办、当“公仆”不当“家长”，我们才不会脱离群众，才会少犯或不犯错误，才会更好地避免失误。

九、斗气不如争气

从一定意义上讲，做人就是为了一口气而活着。然而，“气”怎么来？不是斗出来的，而是争出来的。喜欢斗气的人往往你争我斗说气话、发脾气，“顶”在那里“掰手腕”，常常自个儿在那赌气、撒气、怄气。斗气或许能解一时心头之气，但实际上不仅解决不了问题，反而伤身又伤心、伤人又伤己。人还是应该争气、必须争气。争气不是吹出来的，而是干出来的，干出成绩、获得成功，有了出息、过得更好，便是最大也是最有力的争气。

十、“嗷嗷叫”不如“呱呱叫”

人的一生不可能一帆风顺和一马平川，当面对困难、遭遇挫折，或经受痛苦、处于低谷，或承受委屈、遭受不公时，该怎么办？有的人会习惯性地大呼小叫、愤愤不平，喊累叫苦的有之，鸣冤叫屈的有之，抱怨指责的亦有之，等等，一副“嗷嗷叫”的样子。“嗷嗷叫”改变不了际遇和现状，顶多博得人们的一些同情和怜悯，要想走出困境、改变命运唯有出色地工作，用“呱呱叫”的业绩赢得大家的认可和赞许。“呱呱叫”是要有吃苦不怕吃亏、受累不怕受气、流汗不怕流泪、埋头不怕埋没的境界和格局的。“呱呱叫”的人不但能力强，而且人品好；不但业绩突出，而且有人格魅力。“嗷嗷叫”叫不出任何改变，“呱呱叫”却能叫出一片新天地。

（原载《学习时报》2020 年 9 月 21 日）

做人做事做官的「十结合」

结合就是把彼此关联的事物有机统一起来，也就是通常说的统筹兼顾、“两手抓”。倘若把上下、左右、内外、点面上的相关事物统筹连接在一起，则能达到事半功倍的效果，而孤立地、片面地和割裂开来地顾此失彼，则事倍功半。以下十个方面问题，如果能够结合得好，可以事成业兴、行稳致远。

一、主观与客观的结合

主观乃人的思想、意识和精神，客观乃人的意识以外的物质世界。辩证唯物主义告诉我们，主观和客观是对立的统一，客观是不依赖主观而独立存在的，主观则能动地反映客观并对客观事物起促进作用。要想做成事，主观努力从来都是第一位的，起着决定性作用。种瓜得瓜种豆得豆、一分耕耘一分收获，如果不吃苦、不受累天赋再高也一事无成。不过，有些事尽力了却未必尽如人意，或同样的努力却不尽相同的效果，这说明还得靠“天时地利人和”。结合客观条件具不具备、可不可能、成熟不成熟，来确定哪些事可为、可不为和不可为，切不可以搞“人有多大胆，地有多大产”，或“只有想不到，没有办不到”等脱离实际的硬干、蛮干。“有条件上，没有条件创造条件上”，尽力而为且量力而行，做“跳起来摘桃子的事”，便是一种主观与客观的有机统一。

二、治标与治本的结合

标与本也就是现象与本质。治标就是把那些已经暴露或表现出来的矛盾和问题尽早尽快地解决掉，而治本则是透过现象抓本质，把问题背后的问题找出来处理掉。治标不是目的，是为治本赢得时间和创造条件的；治本就是从源头、根本上治理，它是落脚点。如果治标而不治本，或只是停留在治标上，那么矛盾和问题不但容易出现反复或反弹，而且治标的成效终归会流失；如果只想着治本，却对表面的问题视而不见，那么治本的愿望也终归难以实现。中医讲究的是急治其标、缓则治本，标本兼治、综合治理。从联系的观点来看，治标是治本过程中的一个阶段，是同一个问题的两个方面，治本是治标的根本所在，得先标后本、重在治本，标本兼治、综合施策。

三、眼前与长远的结合

“不积跬步，无以至千里；不积细流，无以成江海。”任何事业有成者都是从干在当下、做好眼前的点滴事情开始的。脚踏实地、埋头苦干，一步一个脚印，方能行稳致远。然而，偏偏有那么一些人，自誉要“扫天下”，却不愿“扫一屋”，好高骛远、好大喜功，对眼前事、当下活不愿也不屑去做。还有一些人只盯着眼前那点具体事干一天算一天，做一天和尚撞一天钟，得过且过、浑浑噩噩，对未来没方向、没规划、没预期。俗话说，人无远虑，必有近忧。既脚踏实地，又仰望星空，把干在当下与谋划长远有机地结合起来，才能成大业、干大事，成为有理想有抱负的实干者。

四、局部与全局的结合

局部是全局的支撑，每一个局部都是全局不可或缺的组成部分，一个个局部方能构成完整的全局。要想维护好、巩固好和发展好全局，离不开搞好局部、干好本职。从一定意义上说，搞好局部就是搞好全局。然而，“不谋全局者不足以谋一域”。任何时候都要心存“国之大者”，对大局、大势和大事了然于胸，做到心有全局、眼有全局，学会把局部的事情放到全局下去思考和谋划，善于在全局下行动。胸怀全局者才能更好地搞好局部。然而，现实中有的人似乎只对自己那“一亩三分地”感兴趣，只扫“门前雪”，结果“门前雪”也干净不了，那“一亩三分地”最终也会荒芜。“满园春色关不住，一枝独秀不是春。”在彼此关联、休戚与共的时代里，“孤岛”是不存在的，独善其身是不可能也做不到的。

五、刚与柔的结合

刚柔相济、软硬兼施，能文能武、张弛有度，这既是很管用的做事方法，又是很重要的做人性格。《周易·蒙》中说：“刚柔节也。”刚柔并济就是刚强与柔和的相互调节，做到原则性和灵活性的结合。人不可一味地强硬，该放下身段时则适时适当地放下身段，示强而不好强、示弱而不软弱，一介武夫不可、一介书生亦不行。正所谓“凡为将者，当以刚柔相济，不可徒恃其勇”。施以严厉与待以温暖、无情管理与有情操作，是不可或缺、相得益彰的“两只手”，就得学会打一下摸一下。刚与柔的结合就是严管与厚爱的统一，对不当之处、错误之举毫不留情、声色俱厉，当困难之时、事情过后又关心理解、关爱照顾。这种无情中的有情、原则中的灵活则是刚与柔的统一。

六、学与用的结合

学归学、用归用，学用脱节是不少人的通病。现实中，有的人自以为聪明或经验多，认为学不学、学多学少都一样，总觉得自已的经验够用了，习惯于路径依赖，麻醉于“眼睛一睁，忙到熄灯”，看似忙忙碌碌，实则多半在做无用功；而有的即使学习也是“三天打鱼两天晒网”，浅尝辄止、蜻蜓点水，不善于向书本学、向实践学、向群众学，既读不好“有字书”，又读不懂“无字书”。磨刀不误砍柴工，任何时候都要把学习作为一种生活态度和生活方式。学习的目的全在于运用。“学而不思则罔，思而不学则殆。”思也是一种用，尤其是在思的基础上转化为用更加重要。学而不用，则白学；不学而用，则瞎用。学习的成效是通过运用得以体现的。我们一方面要时刻注意学习，另一方面要善于把学到的知识和技能充分地运用到实际工作中去，学中干、干中学，真正做到学以致用、学有所用和学用结合。

七、知与行的结合

知乃明白事情的道理，行便是去身体力行。知是行的前提和基础，不知而行是一种盲目；行是知的落脚点和目的地，知而不行是一种自欺欺人。知与行本应该是统一的，可是现实中却有不少人明明知道事情的道理，但往往不去践行，有的甚至还揣着明白装糊涂，装睡不醒。知易行难、知行不一，成了不少人的顽疾。“知而行之则善，知而不行则耻，不知而不行则庸，不知而行则可怕。”什么时候知行合一、言行一致了，什么时候就赢得了人心、走向了成功。

八、务实与务虚的结合

干任何一项工作，实是底色，虚则添色。实就是说实话、干实事、做实在人，一切实事求是。从现实看，“实打实”做得不够是不少人的常见病，一些人说话办事往往“虚浮夸、假大空”，水分多、不靠谱，或纲领口号一大堆，落地见效却不够，甚至在一片所谓的落实声中落空。讲究实既是一种价值追求，也是一种作风品格，做人做事做官首先得实。一方面崇尚实干，另一方面还得学会务虚。时常“踱方步”，进行冷思考，登高望远、战略谋划，从思想理论、政策策略等作规划设计。务实与务虚是一个事物的两个方面。务实是执行操作环节，务虚是决策决定环节，两者贯通结合，则使行动更加有力有效。

九、数量与质量的结合

辩证唯物主义告诉我们，事物发展总是从量变开始的，量变是质变的必要准备，质变是量变的必然结果。成功就是量变到质变的过程。从这个意义上看，没有数量就没有质量，一定的数量是质量的基础和保证。正因为如此，追求一定的数量和速度，是必须也是必要的。然而，“盖所以为精金，在足色而不在分两”。数量固然重要，高质量更为重要。现实中，重数量轻质量的现象屡见不鲜，比如更在乎论文发表的数量、开会发文的件数和下基层调研的次数等，而对论文质量、开会发文效果和调查研究成果及转化率等，却不闻不问、漠不关心，结果出现各种各样“大而不强、多而不好”的问题。坚持数量和质量一齐抓、一齐要，而且重质量高于胜于重数量，才是数量与质量相结合的要义所在。

十、“又红”与“又专”的结合

红与专指的是政治与业务。“没有离开政治的业务，也没有离开业务的政治。”政治与业务本质上是分不开的，这不仅因为业务需要政治来引领指导、来把关定向，也因为政治如果一旦脱离了业务就是空头政治，讲政治也就成了“空谈政治”，成了“两张皮”。具体到每个人而言，政治是一个人对待事物的立场观点、态度方法，它无处不在、无时不有，因此，人是“不能不政治的”。有的人习惯于以专家学者或“业务干部”自居，自以为政治与己无关或隔得很远，有意无意地回避躲避政治，甚至天真地以为只要把手头业务搞好了就可以了。毛泽东曾经说过，“不懂政治的人就不会打仗”。同样的道理，不懂政治的人谈不上真正懂业务工作，因为它只会就事论事，不懂事物发展的特点和规律，不善于把握事物的发展方向，结果迟早会把业务工作包括自身给带偏，甚至带到歪路邪路上去。

（原载《学习时报》2020 年 6 月 8 日）

为官从政『十题』

为官从政经常会碰到很多选择题要去做，孰轻孰重、往东还是往西，选择对了则蹄疾步稳、行稳致远，选择偏了、歪了或错了则会走到岔道、斜路上去。以下这十道选择题得细思量、常念叨，作出正确选择。

一、公与私

“一心可以兴邦，一心可以丧邦，只在公私之间尔。”“政在去私，私不去则公道亡。”曾几何时，在一些人眼里，公与私是模糊的，甚至是混淆和错位的，有的公私不分，有的假公济私、以公谋私和损公肥私，等等，结果在公与私处理把握上滑倒摔跤。公则公，私则私，其间的界限务必真正拎得清、掰得开，占公家便宜、捞公家油水的事不能干、干不得。“公款姓公，一分一厘都不能乱花；公权为民，一丝一毫都不能私用”。韩非子说过：“私义行则乱，公义行则治，故公私有分。”“私心胜者，可以灭公。”为官从政就是要公私分明、先公后私，有时还得大公无私、公而忘私，做到“恋亲，但不为亲徇私；念旧，但不为旧谋利；济亲，但不以公济私。”

二、义与利

义与利是从政路上躲不过、绕不开的问题，正所谓“义利之说，乃儒者第一义”，“学无深浅，首在辨义利”。古往今来，人们推崇重义轻利、先义后利的义利观，“君子喻于义，小人喻于利”，“利以养其生，义以养其心”。为官从政，就得铁肩担道义，秉持公平、公正和公道，这既是格局、境界和情怀，也是责任、使命和操守。任何时候任何情况下都只追求合理、合法、合规的利益，而且不与民争利，只为民挣利，“因民之所利而利之”，“计利当计天下利”，这才是应有的胸怀。

三、是与非

对与错、好与坏、合理与不合理，是每个人都得分得清、辨得明的，都得有正确的立场、态度和选择，来不得半点含糊，也容不得任何“骑墙”和摇摆。现实中，有的人不论对错好坏，总喜欢做老好人，当和事佬，经常和稀泥，对错误的东西睁一只眼闭一只眼，对不良倾向和歪风邪气妥协退让，不愿、不敢也不善于斗争，这是一种投机；有的人是非不分，甚至把错误的当成正确的来奉行和推崇，无形中或有意无意、自觉不自觉地为错误的东西“背书”“站台”；等等。在是与非尤其是大是大非问题上，要既做明眼人，又做明白人，要做好人但不可以做老好人，让那种遇见矛盾绕道走、看到困难躲着走，一味地“不说话、说好话、好说话”的人没有市场。不讲是非的人，迟早会惹上是非。

四、正与邪

为官从政特别讲究正，“其身正，不令而行；其身不正，虽令不从。”然而，一些人似乎不这么想、这么看和这么做。有的认为，不搞点歪门邪道、旁门左道的东西，就吃不开、上不来，于是可以不干事，但得会来事；有的主张可以坏到“刚刚好”，这样可以不吃亏、不受欺负；更有甚者觉得无毒不丈夫，不撒谎干不了大事，不心狠做不了大官。俗话说：自古正邪不两立。有邪气的人，或许会得利于一事、得逞于一时，但终归邪不压正。正，守一而止，意味着守一不犯错、不偏斜，无邪念、无杂念，说话办事有道德标准。正乃阳光大道，当今天下是秉持正知、正念和正行者的天下。

五、苦与乐

人从本能上来讲都希望自己苦少乐多，甚至最好不吃苦、不受累，然而天下没有免费的午餐。“梅花香自苦寒来。”幸福是奋斗出来的，快乐是耕耘出来的。这种奋斗和耕耘就得吃苦受累，就得流汗，有时甚至流血流泪。一分耕耘，一分收获；唯爱拼，才会赢。特别是，有时吃苦还要能吃亏、受累还要能受气，古人尚且有“先天下之忧而忧，后天下之乐而乐”“安得广厦千万间，大庇天下寒士俱欢颜”的境界和胸怀，作为党员干部，更应当具有全心全意为人民服务的高度自觉。有副对联写得好：“若不撇开终是苦，各自捺住即成名”。“撇”开一些名利纠结就不苦了，按捺得住内心的欲望便快乐了。

六、舍与得

人生如棋，有舍才有得，有得便有舍，应当学会先舍后得、有舍有得、能舍能得，倘若一粒棋子都不愿意失去，势必会落个满盘皆输的结局。天底下从来没有也不可能有只得不舍的事情，即便是经商办企业，真正的大商人既能聚财，又能散财，而且有时散财比聚财还来得更重要。同样的道理，为官从政应该熟谙舍与得的辩证法，说白了就是处理好奉献与索取、给予与获得的关系。按理说，为官从政既然是“公仆”“勤务员”，为人民服务就是天经地义的事，如果是图享受、讲特权，就颠倒了“主与仆”的关系，就是一种异化。当然，这个道理说起来容易，做起来确实难，也正因为难更值得去做到。鱼和熊掌岂可兼得，世上哪有既要得好处，又要享清福的好事美事。“得”是一种本能，“舍”是一种本事，把本能的东西尽量抑制住，把本事的方面多提高一点，就是一个高尚的人、一个能干大事的人。

七、真与假

说真话、办真事、做真人，活出真实的样子，这本来是毋庸置疑的事。然而，有的人似乎不这样想也不这样做，这其中有的是主动自觉为之，有的是被动不自觉为之。比如，有的当面一套、背后一套，台上一套、台下一套；有的对人一套、对己一套，说的一套、做的一套；有的领导在一套，领导不在一套，此时此事一套、彼时彼事一套；等等。有人说，人生如戏，全在演技。大凡假的一面全在于演，全在于装，演得很逼真，装得很像，其共同特点是说假话、办假事、戴假面具。不过，假的就是假的，假的真不了，真的假不了，演技再好终归都会露馅，就好比戴假发总会被风揭穿。墨子说过：“贫则见廉，富则见义，生则见爱，死则见哀。四行者不可虚假，反之身者也。”贫富生死既是试金石，又是磨刀石；既是 X 光机，又是透析机，它能检验并考验出一个人的真与假。为官从政就得老老实实、真真切切，不来虚的，不搞假的，经得起真假“照妖镜”的透视。

八、善与恶

人之大德，莫过择善而行，这是最美的底色，也是最好的本色。那么，择什么善，怎么“择善”？首先，要择善人而交。“近朱者赤，近墨者黑。”多交“益友”，不交“损友”，远离“不三不四”的人，让自己的朋友圈清清爽爽。其次，要择善书而读。既读“善书”，又善读书，让自己心明眼亮。再次，要择善言而听。“信言不美，美言不信”，听得进那些诤言、谏言和谔言，让自己多一份清醒和冷静、理性和自觉。此外，要择善事而为。对人有利、有益的事多多益善，不在于物力之“舍”，而在于内心幸福愉悦之“得”。“勿以善小而不为，勿以恶小而为之。”恶便是坏人坏事，切不可以为恶“小”，就为之、纵之，否则，只要沾上了边，日积月累，就没有回头路。

九、进与退

进退留转是为官从政中经常遇到的现实问题。从身边的人与事来看，往往“进”者得意，“退”者失意，“留”者惬意，“转”者在意。面对人生的进退留转，各种心态千变万化，各种角色粉墨登场，心浮气躁者有之，急功近利者有之，不择手段者有之，随遇而安者亦有之。这是一个“大考场”，正确的态度是，面对进，始终保持一颗责任心和进取心，不骄不躁，谦虚谨慎；面对退，始终抱有平常心，泰然处之；面对留，懂得知足和珍惜；面对转，得有一种紧迫和危机。在“进”中求稳，在“退”中求进，在“留”中守成创新，在“转”中精彩转型、华丽转身。

十、宠与辱

从政路上既有春暖花开的时节，又有风雪交加的时日，有顺境，也有逆境，这是考验人的关口和门槛。“宠”是得意之时，“春风得意马蹄疾，一日看尽长安花”。面对好事上门，心花怒放、洋洋自得是人的一种本能，但能否得意不忘形、得志不变形，不迷失、不膨胀，则是一种难能可贵的清醒和自觉。春秋郑国大夫正考父几朝元老，却“一命而偻，再命而伛，三命而俯。循墙而走，亦莫余敢侮”。“宠”时更应把位置放低一些、身段放软一点、口气放小一点。“辱”是失意之时。面对各种各样的下坡路，或者低谷与瓶颈、挫折与打击，该怎么办？躲在人生的墙角边看破红尘、自怨自艾，只会消沉下去、自暴自弃，变得破罐子破摔、一蹶不振。真正的强者，既能从成功中走出来，又能在失败中站起来，做到“宠辱不惊，看庭前花开花落；去留无意，望天上云卷云舒”。

为官从政，实际上意味着一种付出、舍弃和奉献，这是从一开始就该有的思想和心理准备，否则就会时时纠结、处处为难，左右不是、忐忑不安。所以，应当想清楚、弄明白，而且咬紧牙关、狠下心来，作出正确合理的选择，交上合格满意的答卷。

（原载《学习时报》2019 年 4 月 22 日）

为官从政「新十题」

为官从政是一个大考场，身处其中得经常面临各种各样的考试，考题五花八门，既有填空题，又有选择题，更有必答题。前十道题，加上下列十题，可谓考卷的上下篇，得拿出智慧和勇气来，用心审题、用力解题、用功做题，交上合格满意的答卷。

一、实与虚

万物“实”为要、万事“实”为贵。强调并崇尚工作中要多务实，讲实干、求实效，一切从实际出发，实事求是；强调并崇尚生活中多一些实在，说实在话、做实在事、当实在人，把实实在在当作为官从政的价值取向和目标追求。实的背面则为虚。反对搞虚的那一套，反对搞避实就虚、偷奸耍滑的东西，推崇不图虚名、不说虚话。虚往往是注水的家伙，有时甚至是掺假的东西。虚常常与“浮空飘夸”联系在一起，还是离虚远一些好。当然，实与虚是物质存在的两种形式。如果说，有时虚是指务虚的话，那么适时适当地务务虚，让心静下来，整理一下思绪，作一些思考和总结，这种虚实结合、以虚带实、以实托虚是必要的，也是有好处的。

二、热与冷

人都会有忽热忽冷的时候和经历。有的人或许“步步高升”、一再提拔，或许位高权重、身处重要部门或重要岗位；有的人头顶各种各样的光环，被媒体闪光灯追逐，前呼后拥、炙手可热；等等。“热”的时候会前呼后拥、众星捧月，“出门有车等着、走路有人跟着、吃饭有人陪着”，到处都是鲜花和掌声，倘若把握不住、掌控不好，就会飘飘然、昏昏然，忘乎所以、自以为是，甚至逐渐膨胀嚣张起来。然而，事物发展总是有高有低，呈波浪式曲线状，人不可能一直或一辈子“热”着。有的人走着走着或许徘徊停滞起来，有的人或被旁落、遭冷遇，到了边缘部门，去了冷门岗位；有的人从忙得不亦乐乎，一下子变成闲得心里发慌，从事务缠身到无所事事，从“门庭若市”到“门可罗雀”，坐了趟过山车，好比一脚踩空了似的，不适者有之，失落者有之，自怨自艾、自暴自弃者亦有之。热与冷好比山巅与谷底，都是一种考验，经得住热，受得了冷，既能顺利“登顶”，又能安全“下山”，靠得不仅是云淡风轻的心态，更是冷热不惧的能力。

三、贫与富

为官从政要有安贫乐道的境界、胸襟和情怀。封建士大夫尚且有“先天下之忧而忧，后天下之乐而乐”“安得广厦千万间，大庇天下寒士俱欢颜”的价值追求，党的干部更应该有一种吃苦在前、享乐在后的贫富观和苦乐观。“我将无我，不负人民。”党的干部以为人民谋幸福为已任，以为人民服务为宗旨，不能也不应该只顾自己富起来，更应该带领群众富起来。倘若把自己富起来看得过重过多，“动作”就会走形变样，就会不惜动用手中的资源去搞权力寻租。“鱼和熊掌不可兼得”，当官不可发财、发财就别当官，当干部就意味着一种奉献和牺牲。贫贱不能移、威武不能屈，此乃大丈夫也。“穷则独善其身，达则兼济天下。”挡得住诱惑、守得住清贫，则初心不忘、使命不辱。

四、美与丑

美的就是美的，丑的就是丑的，这本来是黑白分明、一目了然的事，可有的人就是黑白颠倒、美丑不分，甚至以丑为美、以丑为香。比如，贪污腐化是极丑的行为，可有的人却浑然不知，深陷其中却乐此不疲；又如，耍特权是老百姓厌恶痛恨的事，可有的人却沾沾自喜、感觉舒服，不但自己耍，而且家里人跟着一起耍；再如，欺上瞒下、偷奸耍滑、阿谀奉承、见利忘义等，都是人性中的丑陋，可有些人却不以为然，反而觉得是自己有本事、会来事。“见贤思齐焉，见不贤而内自省也。”对于美与丑，首先得分得清、辨得明，切不可把美的当作丑的，把丑的又当作美的；其次得亲近美的事物，远离丑陋的东西。

五、权与法

权大还是法大，这本来也是非常清楚的问题。可在现实中，有的人要么不明白，要么揣着明白装糊涂，干出一些以言代法、以权代法或权大于法、权高于法的事情来。

有的碰到事情总是有意无意搞“我说了算”，“长官意志”代替“法官意志”，有的自觉不自觉地总是“第一时间”想到找人摆平，这个“人”说到底就是说话管用的权力，习惯于靠“人治裁量”而不是靠“法治力量”，相信一纸手谕甚至一个电话、一声招呼胜过一纸裁决。“摆平就是水平”成了不少人欣赏和推崇的价值标准，一些普通百姓也养成了“信访”而不“信法”的思维定式。时至今日，权大于法或以权代法的现象必须也应该改变过来。所有的权力都要在宪法下行动，在法律法规的框架内运行，受法律法规的约束，这才是正道、大道，也是为官从政务必须恪守的基本规则。

六、情与理

有人说，我们是个熟人社会、人情社会，说话办事都得讲情重情，给个面子；还有人说，人非草木孰能无情，人都是有七情六欲的，于是把讲情重情视为天经地义，推上很高的位置。当情与理摆在面前尤其是发生冲突的时候，亲情、友情、爱情、乡情等成了挥之不去、纠缠不清、摆脱不了的羁绊和束缚，明摆的一些道理也好、规则也罢，很容易妥协退让、败下阵来。人们似乎最怕被人戳脊梁骨说，这个人无情无义、不讲良心。“吾爱吾师，吾更爱真理。”在情与理的天平上，个人的私情永远是小道理、软道理，小道理、软道理始终要服从于大道理、硬道理，千万别被所谓的七情六欲所惑，也别让私情遮蔽了双眼。即便是至爱亲朋之间，也要既亲又清，大是大非有原则，大道大理有方向，任何时候、任何情况下，理高于情、重于情和大于情，做到入情入理、合情合理、寓情于理。

七、学与思

“学而不思则罔，思而不学则殆。”学与思是相辅相成的有机整体，只有把乐学、好学、善学与苦思、勤思、善思有机结合起来，才能“日异其能，岁增其智”。西汉文学家刘向说：“少而好学，如日出之阳；壮而好学，如日中之光；老而好学，如秉烛之明。”学习永远在路上，也永远无早晚。然而，倘若只为学习而学习，因学习而学习，学不会思、学不能用，这是白学、瞎学和乱学。同样的道理，思是建立在学之基础上的，是学的一种升华，思从学中来，学因思而贵。得经常联系思想、工作和生活实际，联系大局、大势和大事学深悟透，这样的学才有质量，这样的思才有方向。学习是一种能力，思考则是这种能力的又一次飞跃。如果说，学习是开花，思考则是结果。

八、知与行

知，乃知识、认识；行，乃践行、实践。辩证唯物主义告诉我们：实践决定认识，认识反作用于实践。认识正确与否，来源于实践；认识有用与否，在于指导实践。现实中，知归知、行归行，知行割裂、知行不一和知易行难的现象不少，导致说归说、做归做，台上他说、台下说他。有道是：“知而行之则善，知而不行则耻，不知而不行则庸，不知而行则可怕。”人得先“知”，它好比人的双眼和两耳，而“行”就像是双脚，人们靠眼靠耳去看去听，靠脚去走去到达。古代先贤常说，“三思而后行”“未知事实，不可虚行”“行焉，可以得知之效；知焉，未可得行之效”，等等，说的都是这个道理。“知之愈明，则行之愈笃；行之愈笃，则知之愈明。”为官从政要善于不断获取理论知识，更要善于把获得的理论知识用到实际工作中去，做到知行统一、学以致用。

九、亲与疏

对于为官从政者而言，有人亲近你，有人疏远你，这是常有之事，你该怎么看、怎么办，这里面蕴含着很大的学问和技巧。对于亲近你的人，要去作具体分析，究竟是什么人亲近你，为什么亲近你？“妻之美我者，私我也；妾之美我者，畏我也；客之美我者，欲有求于我也。”世上没有无缘无故的爱，也没有无缘无故的恨。特别亲近你的人，大多“欲有求于我也”，或为名或为利，故当“度之”，也就是保持和把握好一个度，即便是纯粹的感情也得有分寸，这样既可避“结小圈子”“成小团伙”之嫌，又可避“权去则弃、势去则倾、利尽则散”之尴尬。一方面要去“疏亲者”，另一方面得注意去“亲疏者”，也就是要具体分析是什么人有意疏远你、为什么疏远你，特别是那些曾经亲近却突然疏远你的人，要走近他们，建立起清清爽爽、干干净净的同志式关系，这样的同志式关系才可能行稳致远。避免亲亲疏疏是为官从政者必须战胜的坎。

十、俭与奢

简朴节俭是为官从政者的一种美德和操守，而奢侈浪费则是彻头彻尾的堕落和可耻。“历览前贤国与家，成由勤俭破由奢。”修身、齐家、治国、平天下都离不开节俭。诸葛亮倡导“静以修身，俭以养德”；朱子告诫“一粥一饭，当思来之不易；半丝半缕，恒念物力维艰”；等等。“俭，德之共也；侈，恶之大也。”“俭则约，约则百善俱兴；侈则肆，肆则百恶俱纵”；“奢靡之始，危亡之渐也”；等等。老祖宗的这些告诫，当常常叩击我们的心灵。“由俭入奢易，由奢入俭难。”每个为官从政者从一开始就要堵住“奢”的洞口，形成“俭”的习惯，把节俭作为立身之本，视奢靡为堕落之源，将崇俭拒奢这道题答对做好。

（原载《学习时报》2019 年 8 月 19 日）

为官者当有『七种意识』

在全面从严治党、从严治吏的新常态下，一些人深感为官不易。从严要求恰似紧箍咒，念得一些人“压力山大”，有的甚至打起了退堂鼓。在这样一种状态下，及时调适好为官心理和从政意识，保持一个好的精神状态，显得尤为重要。

具体讲，应该有这么“七种意识”：

第一，当官就不要发财，发财就不要当官

习近平同志在福建任职时曾讲过：“熊掌和鱼不可兼得，从政就不要想发财。你既要从政，又要发财，就只能去当让人指脊梁骨的贪官、赃官，既名声不好，又胆战心惊，总怕被人捉住，最后落个不好的下场。”这些话把为官和发财的关系揭示得非常到位。大量事实证明，权力一旦与金钱联姻，就会被金钱绑架，走上不归路。任何一个为官者，都不要想着法子“捞钱”“淘金”，从一开始就要横下一条心，彻底打消以权谋私、升官发财的思想，正如当年黄埔军校的一副对联中说的那样：“升官发财，请往他处”。不彻底打消发财这个念头，做官迟早要出事。从政者清清白白、干干净净地做官，经商者规规矩矩、勤勤勉勉地赚钱，两者不能搅和在一起，这才是正道。

第二，要立志做大事，而不是立志做大官

革命先驱孙中山先生曾对青年学生们说：“古今人物之名望的高大，不是在他所做的官大，是在他所做的事业成功。如果一件事业能够成功，便能够享大名。所以我劝诸君立志，是要做大事，不可要做大官。”他还对“大事”下了一个定义：“无论哪一件事，只要从头至尾彻底做成功，便是大事。”1977 年，邓小平同志复出时也曾说过一句意味深长的话：“我这次出来工作，不是为做官，是为了做事。”从政就是要有这个样子，就是要为了做事。现在不少人“官本位”意识仍然很强，做事就是为了做官、做更大的官，做人也是一门心思“步步高升”。于是急功近利、心浮气躁者有之；揽功诿过、表里不一者有之；看领导眼色行事、不看群众脸色办事者有之，等等。做大事不为做大官，是为官者应该有的角色定位，把握住了，也就会做官知足、做事不知足，也就不会因为“升不上去”了而心理失衡、因为所谓“天花板现象”而自暴自弃。

第三，法大于权、法高于权，而不是以权压法、以权代法

权大还是法大，这看似简单的问题，一些为官者就是搞不清楚。他们的长官意识太浓，总是自觉不自觉地让法听命于“我”、听命于权，总是觉得这“一亩三分地”我说了算，所以常常干出一些匪夷所思的事情来。实现全面依法治国，为官者应该首先养成知法、懂法、守法的习惯，养成一切在法律下行动、一切权力在笼子里行使的习惯，让这种习惯真正成为一种自觉、一种定力，干涉和触犯法律的话一句也不能说，干涉和触犯法律的事一件也不能干。法律法规既是不可触碰的高压线，也是不可逾越的底线，敬畏法律也就是敬畏自己的从政生涯。

第四，要靠组织靠群众，而不是靠单打独斗

组织去哪儿了？群众在哪里？一段时间以来在一些干部那里变得有些模糊不清，甚至丢到脑后了。不少人信奉“个人奋斗”，自以为是地单打独斗，加上一些不合理的选人用人现象，使得一些人或多或少地产生错觉，认为成功都是自己努力的结果，于是把掌声和鲜花都献给了自己，根本看不到组织的培养，看不到群众的支持，连一句感谢组织和群众的话都没有，个人英雄主义极度膨胀，最后发展到不信群众，也不听组织召唤。做官靠谁？一靠个人努力，二靠组织培养。两者不可或缺，不可偏废。当前特别需要强调的是，做官靠组织、靠群众才靠谱。任何时候都要明白，组织是我们的主心骨，群众是我们的靠山。

第五，要靠实绩靠实干，而不是靠关系靠“朝中有人”

做官除了靠组织靠群众之外，还要靠实干靠实绩，然而很多人信奉“朝中有人好做官”。于是千方百计巴结“权贵”，有的直接拿钱铺路，有的以色贿权，有的变着花样

“套近乎”、搞“雅贿”，还有的拐弯抹角走“夫人路线”“身边人路线”，指望着攀高枝、进“圈子”，等等。从一些地方“塌方式”腐败的查处可以看到，那些曾经有背景、有靠山、有来头，而且曾经很“风光”、不可一世的人一个个都栽了跟头，种种“关系学”“厚黑学”“权谋术”都破了产。这再次证明，找靠山，甘当“门客”，甚至搞人身依附、结党营私，迟早有一天靠山会变成火山，会分崩离析。任何投机取巧、投机钻营，或许可以得利于一事或得势于一时，然而终归“人在做，天在看”，落个“竹篮打水一场空”。为官还是要老老实实干事，凭本事吃饭；还是要规规矩矩做人，靠本分赢得信任。

第六，当官就是要做公仆，而不是做老爷

“当官做老爷”的意识深深植根在一些人的脑子里，一朝权在手，便把令来行，喜欢搞封建社会耍“老爷”威风、摆“老爷”派头、享“老爷”福气那一套。多一份特权，少一分政权。我们的政权要稳固，要想“千秋万代”，这些“老爷”就得下马。随着民主步子的加快，老百姓已经越来越“得罪”不起。要想让群众“听话”，我们的干部得

“像话”。当官就是要为民办事，不但要走近，更要走进群众中去当“公仆”，多找上群众门，少让群众找上门。只有把群众放在心上，群众才会把我们放在台上。

第七，做官就是要不舒服不容易，而不是很逍遥很自在

“无官一身轻”，但只要“官帽”在头上，想享清福就不可以也不可能了。习近平同志曾告诫为官者说：“我认为认认真真地当好共产党的官是很辛苦的。我也没有听到哪一个称职的领导人说过当官真舒服。”为官意味着责任，意味着担当，从这个角度看，“为官不易”是一种真实的状态。随着政治生态的不断净化，过去一些习以为常的“规则”被打破，一些见怪不怪的“套路”不能用、不管用了。于是有人说，“当官的好时候”已经过去了，现在真正需要一种既能吃苦又能吃亏，既能受累又能受气的胸襟、肚量和心态，更加需要一种奉献精神，做不到这一点，为官随时都会感到憋屈、难受和尴尬。但如果明白了为官只有自己不舒服，人民群众才会真正舒服，那么倒可能是当官的好时候来了。

这“七种意识”既是“试金石”，又是“火焰山”，经得试、过得去就能平安为官、健康为官、幸福为官，就能成为为党争光、对民有利、于国有用的好官。

（原载《秘书工作》2015年第3期）

年轻干部『八缺八不缺』

年轻干部是事业薪火相传、接续发展的承载者，是“中国梦”的追梦寻梦圆梦者。与“生在新中国，长在红旗下”的上一代相比，这一代年轻人“生于改革开放，长于民族复兴”，呈现出鲜明的时代特征，他们身上既有不可比拟的长处和优势，又有不可忽视的短板和劣势。如何在扬长避短的同时，尽早尽快地扬长“补短”，做到“缺什么补什么”，知道“要什么不要什么”显得尤为重要。

观察当下一些年轻干部，大致有这么“八缺八不缺”，不妨对号入座，抓紧“拾遗补缺”。

一、不缺学历缺阅历

眼下的年轻干部学历早已经不是问题，学士、硕士、博士大有人在，比比皆是，高学历也可谓普遍现象，然而从家门到校门再到机关门的“三门”干部依然不少，他们缺乏基层一线的摸爬滚打，缺乏急难险重事件的不断历练，阅历、经历的缺位，是“致命伤”，遇到一些重大的突发性事件往往容易心中无数、没招没谱，甚至惊慌失措、束手无策，有的甚至成了只会处理文件而不善处理事件的“稻草人”。

二、不缺思想缺感情

年轻干部思想活跃、思维敏捷、思路开阔，他们大多受过很好的教育，理论水平较高，有思想、有见地。“人是有思想的芦苇”，有思想当然是好事，问题是，不少年轻干部长时间“宅”在高楼大厦，“躲”于深宅大院，或“浮”于文山会海，与基层干部群众渐行渐远，感情越来越淡薄，与群众隔有一堵无形的“离心墙”，以致对群众的疾苦漠不关心、麻木不仁，视群众的冷暖与己无关、袖手旁观。这种感情的缺损已经越来越影响到党群、干群关系，局限了年轻干部说话办事的立场、方法和态度，使得不少年轻干部即使走近群众却走不进群众，面对面却很难心贴心。

三、不缺干劲缺韧劲

年轻干部大都有激情、有干劲，凡事业心责任感强和有抱负的都想趁年轻多干事、干成事，有火一般的热情和很强的冲劲。但是，也要看到有些年轻干部激情来得快去得也快，一旦碰到困难、遭受挫折、面对矛盾时，一旦受到委屈、遭遇不公、陷入困境时，则很容易自怨自艾，甚至自暴自弃，心理承受力和抗压力显得脆弱，很难始终保持“精神不倒”，缺乏一种坚持和坚守，缺乏一以贯之、一抓到底和一往无前的大无畏气概。

四、不缺知识缺文化

年轻干部知识层次高、知识面广，有的说起新名词、新概念头头是道，但近年来因言惹祸、因行失范的却不在少数，“雷人”“雷语”频现，让人大跌眼镜，有的还时不时耍威风、摆阔气，“衙内”气、贵族气很重，原因就在于这些人身上虽不缺知识但缺文化。知识是学来的，文化是修来的、悟来的，是“骨髓里的东西”，它比知识更有一种无形的力量。有知识不等于有文化。年轻干部如果缺少文化修养、文化涵养和文化素养，不能够有学识、有见识、有胆识，那么虽有知识，也走不远、飞不高。

五、不缺想法缺办法

讲思路一套又一套，可谓振振有词，有的不但有想法，而且也有说法，这样的干部不可谓少。但是，这些思路和想法如何既与中央精神对标，又与基层实际对接，更能解决问题、务实管用，则需要进一步的努力。

人有两次素质上的飞跃，一次是把想法变成说法，另一次是把说法变成办法，不少年轻干部还是停留在第一次飞跃上，如何实现第二次飞跃，还需假以时日。

六、不缺能力缺魅力

经常可以看到一些年轻干部很能干，也很有魄力，多谋善断，才气高、本事大，但却很难让人亲近，不能使人心服口服、心悦诚服，难以有很强的吸引力、凝聚力和感召力，缺少一点气场。究其原因是人格魅力不够，换句话说是个人品格、形象作风包括性格有缺损，而人格魅力恰恰是一个人最好的本钱，是拥有底气的重要资本。

可以说，当下年轻干部不缺才气但缺底气，不缺本事但缺本钱，一句话就是不缺能力缺魅力，这不能不说是年轻干部的一种结构性缺陷。

七、不缺活力缺定力

在干部队伍中年轻干部是最富有朝气、最富有活力、最具有创造力的一个群体，他们朝气蓬勃、奋勇争先、动力十足，洋溢着青春的气息。

然而，他们又往往容易分心走神，内心的坚强和笃定不够，往往容易被干扰、受影响、遭裹挟，自觉或不自觉地会“跟着感觉走”，有的还挡不住诱惑、耐不住寂寞、守不住清贫，经受不住各种风险、危险的挑战与考验。在涉及个人名利问题上少了“定海神针”，在纷繁复杂、眼花缭乱的社会里，显得心浮气躁，缺乏一种从容和淡定，特别是在个人遭受委屈、不公时，缺乏一种忍耐、忍让和忍受，吃不了亏、受不了气等。这都是内心定力不足的表现。

八、不缺情感缺情怀

情感更多是个人化的一种自发性心理情绪，情怀则是更高层面的一种自觉性理想抱负和追求。

一些年轻干部个人情感丰富，甚至被“七情六欲”所惑所扰所困，跳不出来走不出去，很重要的原因是少了一些“家国情怀”，人生站位不高，思想立意不深，不是民为重、家为轻，事业为重、名利为轻。“家国情怀”的淡化和缺失，是一种责任感、使命感的淡化和缺失，是敢于担当、勇于奉献精神的淡化和缺失。多一些情怀和情操，就会少一些个人的卑琐和私利，多一些高尚和大气。

以上这“八缺八不缺”既是横在一些年轻干部面前的一道道坎，又是竖在他们面前的一道道门，跨过去了就跃上了新的台阶，转过身了就进入了新的境界，确可对照补之去之。

（原载《秘书工作》2013 年第 7 期）

『年轻干部九要九不要』

年轻干部的成长、成熟和成才，有其内在的特点和规律。笔者曾经撰写过年轻干部的“八缺八不缺”，供年轻干部对照检查、拾遗补阙。这里再续“九要九不要”，和年轻干部进一步探讨成长的路径。

一要立长志不要常立志

对于年轻人而言，立志始终是第一等重要的事情。未来是从梦想起步的，人生是从抱负启航的。古人云“人惟患无志，有志无有不成者”“志不立，天下无可成之事”“人无志，非人也”“胸有凌云志，无高不可攀”“志不强者智不达”，等等，说的都是志向之重要。立志很重要，而立什么志和怎么立志同样重要。现实中，有的人今天立志做这个，明天立志做那个，朝三暮四、见异思迁，特别是一旦遇到挫折和困难，便改弦更张，“另起炉灶”；还有的一上路就想飞，不想从零做起，更不想从小事做起，一起步就奔“小目标”，眼高手低，好高骛远。年轻干部立志一忌不切实际，二忌缺乏定力。应立志做大事，不可立志做大官；应“跳起来摘桃子”，不能蹦起来根本够不着，做到既尽力而为，又量力而行；既志存高远，又不好高骛远。要立长志，不可以常立志，倘若一会儿踌躇满志、豪情万丈，一会儿又偃旗息鼓、斗志全无，只会落个“白日忽蹉跎”。

二要昂扬不要张扬

昂扬向上、朝气蓬勃是年轻人的特质。人是要有点精神的，年轻干部更是精神焕发的一个群体，始终保持积极进取、奋发有为的精气神，才能有干事创业的良好状态和风貌。“悲意何慷慨，清歌正激扬。”昂扬是一种激情，更是一种意志，它“像山洪、像裂帛”，能给人以鼓舞、激励和振奋。但是，有的年轻干部往往把握不好情绪，以致嚣张、傲慢，目空一切、趾高气扬，表现成为表演、表态成为表功、宣传成为宣扬，结果把自己推上了“火焰山”，成了“众矢的”“出头鸟”。年轻干部爱表现没事也没错，但如果爱表演爱作秀则是大忌。一方面要昂扬向上，另一方面又得夹着尾巴做人，低调不张扬，谦和没傲气。昂扬是成长进步的阶梯，张扬则是夭折毁灭的开始。

三要自信不要自负

青年毛泽东有句名言：“自信人生二百年，会当水击三千里。”作为年轻干部，拥有满满的自信，便鼓起了人生航船的风帆，甚至平时说话时底气十足，做事时劲头十足，灿烂的笑容、轻盈的步伐便是自信的表现。不过，年轻干部切忌过于自信。过于自信便是一种自负和盲目。有的人，往往缺乏正确的自我认知，不能正确对待组织、对待群众、对待自我，常常自我感觉良好，刚愎自用、自以为是，听不进意见，看不起他人，等等。自信是成功的起步，自负是成功的止步。“自信是英雄的本质，自负是愚人的特征。”年轻干部要想干成功事、做成功人，就得自信但不自负。

四要自我不要自私

崇尚自我、实现自我是年轻人这一群体普遍认同的，应该说，这无可厚非。作为年轻干部，搞一些自我设计，表达自我诉求，追求自我完善、自我发展，也是理所当然，因为个体“全面自由的发展”是社会全面进步的条件。但是，在注重自我发展的过程中，有些年轻干部容易一切以自我为中心，逐渐滑向自私自利的泥潭。他们中有的自我意识膨胀，整天琢磨着自己的“升降去留”，只顾自家一亩三分地，只扫自家门前雪，打着自己的如意小算盘，有时甚至到了斤斤计较、锱铢必较的地步。在名利面前一马当先、争先恐后，而对他人和集体的利益漠不关心、高高挂起，对有可能触及个人利益的事避之唯恐不及，明哲保身，不敢担当、不愿作为，这些都是自私自利的表现。自私的人也许会在一时一事上占到便宜，但失去的是长远发展，而且他们不会有真正的朋友。“为一身谋则愚。”自私是真正的愚蠢，年轻干部一旦自私自利则变得渺小而猥琐，也就飞不起来了。

五要优秀不要优越

人生一世，优于别人，越过他人，乃人之向往，追求卓越也是年轻人的天性，可喜可嘉。可年轻干部优秀不优秀不是自己说出来的，也不是宣传报道写出来的，更不是靠他人吹出来的，而是撸起袖子加油“干”出来的。出成绩才能出形象，创一流方是真优秀。年轻干部最忌滋长骄傲自满情绪，飘飘然、昏昏然，内心有一种“我最好”“我最行”的优越感。有优越感的人往往孤芳自赏，觉得自己“高大上”，看高自己、瞧低他人，孤芳自赏、自视清高，结果常常以高傲、固执，甚至蔑视、歧视等不适当方式待人接物。优越感实际上是一种轻浮、无知，优越感强的人，容易脱离群众、失去朋友，久而久之会画地为牢、自我囚禁。人可以高人一筹，不可以高人一等。

六要能吃苦不要怕吃亏

“宝剑锋从磨砺出，梅花香自苦寒来。”任何成功都是从千辛万苦中走出来的。俗话说：“只要能吃苦，黄土变成金。”天上不会掉馅饼，从来没有也不会有一点苦都不吃，便可以轻轻松松、敲锣打鼓获得成功的。“烂石生好茶。”一个人年轻时多吃些苦，多经历些磨难，人生之路才会更稳健。年轻干部应到基层一线去摸爬滚打，到“吃劲”岗位上去劳筋骨苦心志，在急难险重任务中去经风雨见世面。

然而，有些年轻干部吃苦可以，却吃不得亏；受累可以，却受不得气。有的人虽然工作上呱呱叫，但只要吃点亏、受点气便嗷嗷叫。这样的人也许干得了一些事，但成不了大器。其实，吃亏是福，受气是历练。人的格局往往是委屈撑大的，人的境界常常是磨难铸就的。不怕吃亏的人终究不会吃亏，不怕受气的人终究会扬眉吐气。

七要严谨不要拘谨

一般人都会觉得，年轻人毛毛糙糙、大大咧咧，粗枝大叶、丢三落四情有可原、在所难免。其实不然。现实中大凡严谨细致的年轻干部，往往会颇受青睐，被高看一眼、厚爱一分、重用一把，成为“香饽饽”。那些“言有物而行有格”的年轻干部，在人们眼里更加踏实可靠、老实可信。可靠、可信的人，才堪当大任，而那些只求“过得去”、不求“过得硬”，只满足于“差不多”、不管“差多少”的年轻干部，往往会被晾在一边，最终被边缘化。年轻干部就是要从细枝末节处一点一滴做实做稳做好，不轻于易、不疏于细，有“工匠精神”“绣花功夫”，唯此才能成为可以放心托付的人。当然，提倡严谨不意味着时时处处谨小慎微。这种“拘谨”好比“踩着刀尖走路”，没有做人的磊落与洒脱。倘若过于谨小慎微，则缺乏锐气、朝气和生气，少了活力和激情，思想的翅膀会因此折断，创意的火花会因此熄灭。年轻干部可以老成持重，不可以老气横秋。

八要多“墩苗”不要去“拔苗”

年轻干部如果想把自己打造成栋梁之材，“墩墩苗”是必经之路。现在不少年轻干部不缺学历缺阅历，不缺知识缺经验，不缺想法缺办法。这阅历、经验和办法怎么来?得到实践中去“墩墩苗”。庄稼幼苗长势快，若不多“墩苗”，一天就要长一大截。这样过快的长势会使根扎得不深、茎秆长得不壮，大风一吹就倒。所以，“墩苗”就是接地气、养静气、长才气。把基础打牢，才能让后面的路走得更稳更远。但是，现在有些年轻干部往往“下得去”却“待不住”，一时“干得好”却很难一直“干得好”，常常耐不住寂寞、挡不住诱惑、坐不住冷板凳，总想走捷径尽快“冒出来”。有的一心渴望被上级部门“看中”，有的满心期待一朝考试远走高飞，有的则“下去”纯粹是为了镀金。好苗子就要多“墩墩苗”，下得去、待得住、干得好。

拔苗非但不能助长，夭折却是迟早的事。

九要有书卷气不要有书生气

书卷气与书生气一字之差，天壤之别。年轻干部要想融入基层、融入社会、融入群众，书卷气少不得，书生气要不得。“腹有诗书气自华。”有书卷气的人，大多博览群书、见多识广，既注重读书，又在乎修身。然而，有些年轻干部却不这样，有的常常混迹于酒肆、茶楼，或泡在牌桌、麻将桌边，身上多了些“豪气”、江湖气，乃至痞气和匪气。书卷气折射出修养、涵养、素养，透视出高雅、文雅、优雅，既是一种气质，也是一种品质。我们倡导年轻干部有书卷气，但不赞成他们有书生气。“十有九人堪白眼，百无一用是书生。”书生只会“处理文件”而不会“处理事件”，常生活在真空里而不是生活在现实里，有的甚至就是一个不食人间烟火、手无缚鸡之力的书呆子。这样的书生成不了大事，也成不了大器，难以大用，更难以重用。

（原载《秘书工作》2017 年第 12 期）

一把手的八个『特质』

一把手的岗位性质、职责特点决定了作为一把手得有其特质，这种特质包括内在素质、性格特征、气质气场、人格魅力等。概括起来看，一把手除了必须具备一般领导岗位所要求的共性特征外，还得特别具备这么八个“特质”。

一、高人一筹

一把手好比领头雁、领头羊，是指方向和带方向的。一把手应该站位高、方位清、定位准，比别人站得更高、看得更远、想得更深，能够见微知著、落叶知秋和窥斑见豹，是那个最先看到“桅杆”的人，及时准确地发现苗头性、倾向性问题，能够出思路、出主意，定盘子、开方子。

一把手不可以高人一等，但必须得高人一筹，这样才让人心服口服、心甘情愿地跟着走。

二、意志坚定

一把手是主心骨、定盘星，是关键时候的定海神针，得稳健厚重，给人安全感、信赖感。一把手一旦主意拿定，就得有力排众议的定力，风雨无阻、笃定前行，无论遭遇的困难挫折多么坎坷艰险，都要有着不可动摇的坚韧意志、坚强决心和坚定步伐，能够一以贯之、一往无前和一抓到底。要想成为别人的主心骨，首先得自己有主见，最大的力量来自信心。一把手意志坚定、自信笃定才能让人吃了“定心丸”，无畏无惧铁了心地跟着走。

三、敢于担当

有多大的担当，干多大的事。不敢担当的干部，不能当一把手。一把手是班子里“个子”最高的人，天塌下来他能顶着，不避事、不避难、不避过。上面怪罪下来，能够挺身而出，下面找上门来，能够迎难而上，敢于把责任揽过来、把过错认下来、把担子挑起来。特别是面对危险的事，敢于赴汤蹈火；面对紧急的事，敢于喊出“跟我上”；面对压力大的事，敢于舍我其谁，我不跳火坑谁跳火坑。担当就是敢负责、能扛事、不溜肩，有事顶得上去、豁得出来、舍得出去。

四、公道正派

作为一把手，“一碗水端平”是最重要的岗位特征和角色要求。要有“手心手背都是肉”的不偏不倚，不搞亲亲疏疏，不去拉拉扯扯，而且能够主动亲疏者、疏亲者。一把手的“肩膀”应该是铁打的，说公道话、行公平事、做公道人，关键时候能主持公道，不让“小人”得势得利得宠，不让老实人吃苦又吃亏、受累又受气、流汗又流泪、埋头又埋没。“吏不畏吾严而畏吾廉，民不服吾能而服吾公”公生明，廉生威。公道正派是一把手的硬核所在。

五、敢抓敢管

敢于得罪人，敢于唱黑脸，这是一把手的又一显著特征。对于歪风邪气和不良倾向，一把手该拉下脸来时就得拉得下脸来，抹得开情面，说得了重话狠话，敢于亮剑，不能够“前怕狼后怕虎”。事实证明，如果不敢得罪少数人，那么必定会得罪多数人。姑息、迁就和纵容个别“捣蛋鬼”“搅屎棍”，不但会搞坏了风气，带坏了队伍，而且自己也丢掉了威信，自毁了形象。

六、民主开明

对那些作风霸道的人，即使有一定工作能力，也决不能做一把手。善于纳谏、从善如流是一把手民主开明的标签，逆耳的话能听得进去、反对的声音能听得下去，虚怀若谷、豁达开朗。民主开明的一把手是一种开放型的领导方式和工作方法，自信却不自负、主见却不主观，注意听取方方面面的意见建议，善于集思广益、博采众长，有事商量着来。民主开明会产生强大的磁场，它以特有的亲和、随和与平和吸引着人们，展现特别的人格魅力。

七、善于团结

作为一把手最重要也是最可贵的品质是善于团结人。一把手可以在其他本事上逊于人，但团结人的本事一定要大于人、高过人，善于把各种性格脾气、各样专业专长的人凝聚在一起，汇成一股绳，让大家心往一处想、劲往一处使，相互补台、齐心协力，有事大家商量着干、心情舒畅地干，就没有干不成的事、干不好的事。

八、剑胆琴心

慈不带兵，义不行贾。一把手是要抓班子带队伍的，嘻嘻哈哈、舒舒服服、温良恭俭让是形成不了战斗力的。过于心慈手软不可能是个好的一把手。好的一把手应该是场上酷吏，场下朋友，是一头仁慈的狮子。以雷霆手段，显菩萨心肠，看似无情却有情，虽无情管理，却有情操作，既雷霆万钧又和风细雨，既敢严管又能厚爱。剑胆是刚，琴心是柔，刚柔相济、张弛有度才是称职的一把手。

好的一把手，既可以撑起一片天，又可以形成一个小气候，还可以带出一批干部。用好一把手和当好一把手是一枚硬币的两面，只有做到“两面光”，才会让“一把手效应”真正释放和发挥出来。

（原载《学习时报》2020 年 11 月 9 日）

副职的七个『特质』

一个班子是由一个正职和若干个副职组成的。正副职所担负的职能责任决定了他们各自不同的角色定位，也对他们的个性特质提出了不同的属性要求。前文分析总结了一把手的八个“特质”，引起共鸣。作为副职，又该有哪些突出的品质气质和个性特征呢？在此，作些探讨。

一、敢于“独当一面”

副职最硬核的“特质”就在于能够独当一面、各把一摊，能够为一把手真正把好关、守好门，能够各自种好“责任田”，管好自己的“一亩三分地”，让一把手放心放手。倘若每一面都有称职的副职把守住了，正职则可安坐

“帐”中，运筹帷幄、定向把舵了。有一种说法：副职不要太能干，不然会功高盖主，这是一种误解。副职也是“将”，兵熊熊一个、将熊熊一窝，如果副职窝囊，照样累死三军，而且会让正职不堪忍受。正副职好比大小“当家”的，都是当家的，只不过当的家大小不同而已。事业是群策群力干出来的，副职作为班子成员，对分管的工作抓得起、拿得下，当好“马前卒”和“助攻手”，像一员干将、猛将，冲锋陷阵，切实分管一摊、独当一面。

二、勇于“维上护下”

维护、维护，一“维”二“护”，副职很重要的功能在于发挥好维护的作用。维什么、护什么？怎么维、怎么护？就是要去维护好班子团结，特别是维护好一把手的权威、形象和政令，保证一把手的意志得以实现、意图得以落实，添彩不添乱、抬轿不抬杠。当一把手被误解误会时，敢于出面“活血化瘀”；当一把手被埋怨抱怨时，敢于解释澄清；当一把手被“围攻围猎”时，敢于挺身而出等等，此时的副职就是个“解围人”。副职还要敢于关心爱护部下，让他们吃苦不吃亏、受累不受气、流汗不流泪、埋头不埋没。“维上护下”是有原则的。可以“维上”但不要“唯上”，不能唯上面马首是瞻，不能不讲是非对错，哄上蒙上，一味讨好上，现实中“一把手说一不二，二把手说二不一，三把手说三道四，四把手是是是是”的现象是不行的；对下还要爱护不袒护，既严管又厚爱，而且严管是更好的爱护。

三、乐于“排忧解难”

副职是配角，天生就是搞配合、来分担的。既分配工作任务，又分担责任压力，还分享喜怒哀乐，心往一处想、劲往一处使。当工作任务切一块给你时，就意味着分担责任和权力，意味着分享成功和失败。成功时一起骄傲和自豪，失败时一块坚守和煎熬，有福同享、有难同担。倘若当矛盾和困难压来，或当指责和批评袭来，只想着让“高个子”去独自承受，自己却逃之夭夭、明哲保身，或退避三舍、偷奸耍滑、撂挑躲避，那工作上非得出事不可，正副职的裂痕也必将出现。副职是前行路上的“排雷兵”，得注意把一个个问题“引线”给拆了、矛盾“导火线”给爆了，这是一种能力，更是一种品质。

四、善于“穿针引线”

副职应该是正职在与上下左右内外协调沟通方面的好帮手，组织协调力、沟通融合力是副职称职与否的重要指标。副职是“桥梁”和“纽带”，一边对着“上头”，一边连着“下头”，对上头的精神理解掌握得最直接、最深刻，对下头的实情了解掌握得最清楚、最全面，如何把它们无缝对接好、无线连接好，是副职的独特“区位”优势。副职是抓落实的关键，执行力尤为重要。如果说正职更多是“挥手”的，副职则更多是“动手”的。“穿针引线”是一种形象化的比喻，说明“跑”是副职的基本功，就是要经常地跑上跑下、左冲右杀，冲锋陷阵、内外兼修。

五、甘于“端茶倒水”

领导就是服务，这种服务在副职身上体现得更加具体和充分。有人形象地说，副职就是“主持会议、带头鼓掌，迎来送往、接待信访”，这从一个侧面说明副职是一个单位的“门面”。人们对一个班子、一个单位及至一把手满意不满意，往往先是从分管副职切入的，从副职的服务态度、服务水平好不好开始的。副职的门好不好进、话好不好说、脸好不好看、事好不好办，影响甚至决定了班子和一把手的形象。“端茶倒水”需要很强的服务意识、很好的服务态度和很高的服务水平，展示的是心态和情怀。

六、勤于“查漏补缺”

副职好比“维修工”和“补漏者”。百密一疏，正职考虑问题再周密、再周全，也难免偶尔会出现疏漏甚至差错。俗话说：三个臭皮匠，赛过一个诸葛亮。你落下的我帮你捡起，你忘掉的我来提醒，管理制度上的一些漏洞我来堵上，措施办法上的欠缺我来补上，出主意、想办法去健全完善，这是称职副职的过人之处。不厌其烦、拾遗补阙，不因事小而不为，不因不分管而撒手不管，分工而不分家。如果说，正职的时间和精力更多是敲开场锣鼓，而且敲得震天响，那么，副职则更多是打扫战场，乐于坚守“下半场”，默默无闻地“收拾残局”。

七、贵于“推功揽过”

有人戏称“当官要当副，穿衣要穿布，吃菜要吃素”，言下之意当副职相对可以轻松点、容易些，责任压力不大。其实不然，副职有时就得当“出气筒”，成“意见箱”，做“替罪羊”。当正职工作出现差错时敢于担责，当其他副职工作出现失误时敢于揽过，当获得荣誉、有了成绩时懂得谦让，知道把荣誉和功劳记在集体账上，既敢负责又能负重，既能受苦受累又能受得了委屈。副职得有“将军肚”“宰相肚”，能装事、能容人，还能“撑船”。这是一种胸襟和境界，是可贵的奉献精神。

副职姓“副”，是“兵头将尾”，既不能越位、错位和抢位，又不能缺位、空位和不到位，要学会不出风头、不抢镜头、不争名头，低调不低声、跟理不跟人。只有各负其责、各司其职，才能唱好“大合唱”，赢得“大合作”。

（原载《学习时报》2021 年 2 月 1 日）

后记

这是一本“拼凑”而成的小册子，是关于从政为官的谈心笔记。

一段时间以来，我就“做人做事做官”这个主题，写了一系列小文章，没想到颇受欢迎，微信微博广为传播，给我莫大的欣慰和鼓舞。不少人建议我把这些散落的文章集中起来，做成“口袋书”，方便有空时翻翻，于是促成了这本不像样的小书。

“为政不在多言，须息息从省身克己而出；当官务持大体，思事事为民生国计所关。”这是江西浮梁古县衙的一副对联，它对如何从政为官作了生动又深刻的诠释。从政为官究竟为什么？怎么干？这是每一个从政为官者必须用心思考并用力解答的现实问题。

屈指一数，我从事组织工作三十五载，亲历了不少为官从政者的起起落落，他们是一本本书、一扇扇窗、一面面镜和一把把尺，从中读出了很多感悟。一路走来，我习惯于把自己的所思所虑积累下来，不断地提炼、归纳、概括和总结，像个“裁缝师傅”作些“来料加工”。这本小册子就是“加工”“裁剪”的作品，意在和大家聊聊天、谈谈心。感谢领导、同事和朋友们不断的鼓励，你们的鼓励是动力；感谢中国书法家协会原主席苏士澍先生不吝赐题书名，备受感动；感谢妻女及家里所有人一直以来的理解、支持和奉献，倘若没有你们这些“加油站”和“垫脚石”，我走不到今天。

在小册子付梓之际写下这段心里话，是一种告白，也是一种表白；是一种希冀，也是一种期许。唯愿有所裨益，善莫大焉。

作 者

辛丑年初春于北京